本专著的出版得到教育部人文社科课题“中国组织情境中同事关系对个体工作绩效作用机制研究”（编号12YJA630058）、国家自然科学基金“中国背景下关系治理形成机制及效用研究”（编号71362006）资助。

经济管理学术文库·管理类

中国组织中同事信任对个体工作绩效的作用机理研究

Study on the Mechanism of Colleagues' Trust on Employees' Individual Performance in Chinese Organizations

李　敏／著

图书在版编目（CIP）数据

中国组织中同事信任对个体工作绩效的作用机理研究/李敏著. —北京：经济管理出版社，2014.12
ISBN 978-7-5096-3370-0

Ⅰ. ①中… Ⅱ. ①李… Ⅲ. ①办公室—人际关系学—研究—中国 Ⅳ. ①C912.1

中国版本图书馆 CIP 数据核字（2014）第 211157 号

组稿编辑：宋　娜
责任编辑：宋　娜
责任印制：司东翔
责任校对：陈　颖

出版发行：经济管理出版社
（北京市海淀区北蜂窝 8 号中雅大厦 A 座 11 层　100038）
网　　址：www. E-mp. com. cn
电　　话：（010）51915602
印　　刷：大恒数码印刷（北京）有限公司
经　　销：新华书店
开　　本：720mm×1000mm/16
印　　张：11
字　　数：147 千字
版　　次：2014 年 12 月第 1 版　　2014 年 12 月第 1 次印刷
书　　号：ISBN 978-7-5096-3370-0
定　　价：68.00 元

前　言

在现代社会和经济发展中，信任成为影响合作的重要因素。现有研究表明，信任程度高的区域或组织，其经济或绩效发展更好，而信任度低的区域或组织，则其经济或绩效发展较差。市场经济这种资源配置方式带动了人与人之间的普遍交往，由此发生“熟人”社会向“陌生人”社会转换，这种大语境的变化，给组织（中国人习惯称为“家”，笔者认为更恰当的称呼是“准家”）中成员之间及对制度的信任会带来什么影响，即员工的信任基础是什么，与以往传统社会相比有什么变化，并且同事之间的信任对个体工作绩效的影响如何。本书选择以信任——这种重要且有特色的中国文化现象为切入点，探讨其对个体工作绩效的作用机理。

通过对相关理论的系统回顾，本书发现，现有同事之间的人际信任、员工对制度的信任和工作绩效研究无法系统地回答以下问题：①同事人际信任的内在构成是什么？②人际信任是如何影响员工工作绩效的？③制度信任对员工工作绩效的影响是什么？

围绕上述问题，本书以企业员工为研究对象，根据社会交换、角色和场域等相关理论和经验研究，推测人际信任结构的组成，再沿着人际信任—制度信任—工作绩效的逻辑思路，提出研究假设和理论模型，通过611份样本，利用SPSS13.0和AMOS7.0等软件工具，对研究假设和理论模型进行了实证分析。本书的主要研究内容及结论如下：

本书研究发现，能力、品德和关系依然是同事信任的基础，与以往不同的是，能力在建立同事信任的过程中的影响大于品德和关系，并且关系建立信任在同级同事之中的影响最小。

通过数据分析发现：在现代经济组织中，人际信任依然强于制度信任。这显示出中国人对人的信任度较高，对制度的信任度较低。

人际信任和制度信任对员工个体工作绩效均具有较强的预测能力。从回归系数来判断，能力信任对个体任务绩效的影响最大，关系信任对个体工作绩效的影响最小。这显示出现代组织中员工信任建立的基础，体现出陌生人社会的特征，其他人相信你的能力和品德，更多体现出普适性的价值观点。

个人交往中，教育程度越高，信任越发容易建立。根据学历的层次分析，随着学历层次的提高，其均值随之增长。这都说明学历越高，人与人之间的信任更容易建立。

制度信任对人际信任与工作绩效均有较强的调节作用。这反映出制度建设及执行的这种非人格化已经得到员工的共识。

上述研究，相当一部分内容属于探索研究，所获得的结论有助于丰富、拓展信任理论，同时为中国组织管理提供本土契合度较高的理论框架。另外，本书也存在不足之处，有待更深入与精细的后续研究。

目　录

第一章 绪 言

第一节 问题缘起

在众多华人组织行为的研究议题中，选择“同事信任”有以下缘由：一是从自我感知角度而言。自己在某公司主持工作期间，深感同事信任对于公司经营的重要性，并且其建立非常不容易。罗家德、叶勇助（2006）指出生意人一手是“吃饭喝酒博感情”，一手又“审时度势布战略”，既在玩“信任游戏”，也在玩“权力游戏”，其实同事之间吃饭喝酒是在博感情，即拓展自己在同事之间的认可度，这其中重要因素就是获得对方的信任。另外，从企业员工组成来看，大多数员工开始彼此是陌生人，成为同事然后才成为熟人。这种熟人关系与以前有老乡、同学或其他关系基础的熟人不同，这让笔者想探究在同一组织中职员信任建立的基础是什么。二是现实语境。在今天的商品经济大潮中，出现不少“杀熟”现象，不少生意人发现骗他们的往往正是这些老乡、同事与朋友。随着社会流动性的增强，人们对利益的追求更直接，关系网对个人的约束力也就随之而降低。市场经济的发展不可避免地会导致人们的独立意识、公平交换意识和相应的法制意识的强化，扩散性关系网作用的弱化刺激了人们对法制的需求，但现有较多研究表明：对中国人来说，他们的信任依赖彼此的关系（Chen 和 Chen，1998）。另外，中国社会也确实受到全球化社会转型潮流的冲击，其因之而做出的改变也是不容忽视的，这种全球化浪潮强化了人们对规则建设的要求。这两股力量——制度信任和人际信任到底在组织管理中发生着怎么样的作用，这是一个在理论意义及实践上都很重要的研究课题。三是西方理论与中国经验的不一致性。Rousseau 和 Fried（2001）在《组织行为》杂志（Journal of Organizational Behavior）上发表了一篇有趣的论文《地理位置，组织研究的情境化》，这篇论文提出在某种环境下得出的管理模式在其他情境下是无效的问题。在现有的中国管理研究中，模仿和追随特征显著，更多的是运用和发展西方研究的理论及方法，而鲜有关于中国情境管理现象的洞察（徐淑英、贾良定，2012）。Jia，You 和 Du（2012）分析了 1981~2010 年发表在 6 种期刊上的 302 篇与中国情境有关的实证文章，发现其中只有 14 篇论文在概念的定义和测量、概念间关系的构建及其内在逻辑的解释上充分考虑了情境的作用。这表明大量的研究工作只对已有知识有所贡献，却无法为中国情境中的管理实践提供新思路、新见解（Lung，2007；Tsui，2006a）。人与人之间的信任是彼此交往、沟通信息、加强合作的前提。面对日益复杂和充满不确定性的内外部环境，基于理性控制的传统管理经验、技术开始出现“控制失灵”的问题。信任作为组织内“软控制”要素的核心组成部分，正逐渐成为解决管理要素—人—不确定性问题的重要手段（席酉民、韩巍、葛京，2006）。信任是对未来合作可能性的预测（Wiliamson，1993）。这种预测是一种具有高度指向性的心理状态，员工对组织环境和其他成员的信任会影响员工的一系列知觉、态度和行为。信任具有高度的特异性，组织冲突领域和组织政治学的研究也显示出：对于不同信任客体（Trustee）的信任会影响个体不同方面的行为或态度，因为个体会将发生在组织环境

中的事件进行不同的归因[①]（Dirks K. T.，Ferrin D. L.，2002）。Mayer发现，对直接领导的信任和对于高层管理者的信任会引发个体不同指向的组织公民行为。当个体信任直接领导时，会做出有利于直接领导的组织公民行为；当个体对高层管理者信任时，则会通过一些自发的公民行为使整个组织受益。[②] 另外，一些研究也表明对不同组织成员的信任，起到关键作用的因素也不相同。Tan发现对于直接领导的信任取决于对其能力、善意和诚信的判断；而对于高层管理者的信任则更多取决于对于组织支持、程序公平和分配公平的知觉。[③] 并且，Dirks K. T. 和 Ferrin（2001）、Payne、Lark（2003）提出个体对于不同客体信任的建立有不同的机制，并且对不同客体的信任会对个体的行为和心理产生不同方面的影响。现有研究信任对组织成员的行为和态度等一系列因素进行了详尽研究，但多集中于某一特定的信任客体，比如直接领导或者高层管理者，[④] 而对同级同事的信任研究较少，且现有的研究更多是在西方文化背景下的成果，本研究注重文化语境，即经过改革开放后，在从熟人社会向生人社会的转型的阶段，着重探讨同事信任（同级之间）对个体工作行为的影响，同时考虑制度信任对这两者关联的调节效应。

---

① Dirks K. T.，Ferrin D. L. Trust in leadership：Meta-analytic Findings and Implications for Research and Practice [J]. Journal of Applied Psychology，2002，87：611-628.

② Kramer R. M. Trust and Distrust in Organizations：Emerging Perspectives，Enduring Questions [J]. Annual Review of Psychology，1999，50：569-598.

Aryee S.，Budhwar P. S.，Chen Z. X. Trust as a Mediator of the Relationship between Organizational Justice and Work Outcomes：Test of a Social Exchange Model [J]. Journal of Organizational Behavior，2002，23：267-285.

③ Tan H. H.，Tan C. S. F. Toward the Differentiation of Trust in Supervisor and Trust in Organization [J]. Genetic，Social and General Psycho logy Monographs，2000，126：241-260.

④ Atuahene-Gima K.，Li H. When Does Trust Matter? Antecedents and Contingent Effects of Supervisee Trust on Performance in Selling New Products in China and the United States [J]. Journal of Marketing，2002，66：61-81.

第二节　研究价值

建设中国管理理论的需要。改革开放30多年来，伴随着中国企业管理实践发展，中国管理学的研究已经到了是走康庄大道（中国管理的理论），还是走羊肠小道（管理的中国理论）的交叉路口（徐淑英，2009）。中国企业管理个性化源于中国文化（王辉，2008）。儒家文化是中国的主流文化，它将家、业、国、天下的管理只看作人口和范围的不同，而管理模式和方法没有本质的差异，对家族的管理方法同样适用于企业和国家（王辉，2008）。费孝通（1992）、樊江春（1992）也认为"泛家族主义"倾向在中国的各种组织或单位中都惊人相似，并普遍存在着。研究成果亦表明华人企业的治理模式既明显不同于美英等西方发达国家企业的管理模式，又显著区别于日本企业的治理模式（雷丁，1993；郑伯埙，1995；杨国枢，1998）。在东南亚国家，它们的发展不是依靠法治，而是依靠东南亚的价值观、儒家学说、人际关系的协调等发展经济。有的学者因此把亚洲，特别是中国发展经济的模式称为"关系资本主义"，并与西方的发展模式"法治资本主义"相对立，即东亚、中国发展经济依靠关系，而西方则依靠法治。罗家德（2010）等学者明确提出中国管理的优势在于关系（Guanxi）。关系的核心内容就是信任。本书拟通过广泛的调查，基于同事信任内容，这有助于丰富中国管理理论。同时，本书亦可提供第一手资料，为进一步的研究提供有价值的思考。

企业发展的客观需要。在经济全球化，市场竞争日趋激烈的情况下，现代企业管理有效性问题正日益成为企业提高竞争力的关键因素。企业管理有效性的基础是制度、规范和价值观的建立。随着竞争加剧

和环境不确定性的增加，员工对制度、规范和同事的信任成为影响企业经营发展的重要因素。从基本国情看，深厚的文化传统，决定了国人的思想和行为模式，决定了中国文化背景下的组织不能照搬西方组织管理模式，以此探讨组织信任对绩效的影响具有较现实的价值。

第三节 基本内容

在组织中，同事信任对个体成员绩效会产生影响，中国语境下同事信任包括什么内容，其对个体工作绩效的影响会受到特定组织语境的影响，本书主要考虑制度对组织成员的影响，在现有文献中，对制度信任归结为对高层的信任。由此本书主要研究以下内容：

（1）同事信任、绩效的测量。同事信任是指同级员工之间的人际信任及员工对组织的信任。本书将员工对组织的信任界定为制度信任。本书基于中国文化情境对人际信任维度进行探讨，借用已有量表进行测量。工作绩效方面，大家一致接受的绩效包括关系绩效和任务绩效，本书借用已有量表对个体工作绩效进行测量。

（2）同事信任、制度信任对绩效的影响及作用机理探析。现有研究表明人际信任影响个体工作绩效，但人际信任是个多维概念，其对个体工作绩效作用的机理值得深究，同时，制度信任对个体工作绩效影响如何，在人际信任对个体工作绩效影响的过程中，制度信任是否具有干扰作用。本书对此进行探讨。

（3）针对研究结论，提出管理对策。运用本书研究结论，提出具体的管理办法。

第四节　研究方法

本书主要采用文献研究和问卷调研等方法进行，主要包括以下工作步骤：

第一步，通过文献梳理，编制初始测量工具，确定信任和绩效治理的正式测量工具。

第二步，在控制无关变量的前提下，探索制度信任、人际信任对个体工作绩效的影响。

第三步，探索制度信任对人际信任与个体工作绩效关联的调节影响。

第五节　创新之处

（1）信任是组织行为本土研究中的重要且前沿领域。中国是个“特殊信任强”社会，但现有研究对同事信任与个体工作绩效作用路径研究较少。

（2）研究内容的创新性。①本课题探讨同事信任的作用机制，明确人际信任和制度信任在目前中国组织管理的作用；②本研究开拓性地提出考虑中国人工作价值取向来选取绩效指标，探讨同事信任的作用机理，本项目研究丰富了信任理论研究。

（3）结合主题研究需要，研究采用多种可行的方法，包括文献资料、问卷调研等。

第六节 研究框架

第一章：绪言。本章主要介绍研究缘由、研究目的与意义、研究方法、研究内容、主要创新点与本书结构安排与技术路线。

第二章：中国文化与管理。本章对中国人文化、管理行为进行探讨。

第三章：相关文献综述。本章依次对信任、绩效国内外相关文献进行了系统深入的回顾，并进行了评述，为全书的研究奠定了文献基础。

第四章：理论推演与假设提出。本章先介绍嵌入理论、社会交换理论等，后确定制度信任、人际信任、工作绩效的概念，并根据相关研究成果提出假设。

第五章：样本调查与数据分析。本章主要介绍了研究数据的收集和数据的分析过程。

第六章：大样本调查与数据分析。本章主要包括数据获取与样本描述，量表信度和效度检验，人际信任和制度信任的效用比较。

第七章：研究结论与展望。本章主要探讨本研究的贡献、实践的启示及后续研究建议。

第二章　中国文化与管理

关于管理与文化的关联，学者们一致赞成“管理实践受社会文化的影响”。胡军（1995）认为“管理也是一种文化，管理模式与文化模式有着密切的关系。马涛（2001）认为一个国家和民族的传统文化必然灌注于管理之中，各国企业管理的模式和风格之所以不尽相同、各具特点，其中一个重要因素就是受其传统文化的影响。这是因为文化是管理的母体，它能不断地为管理活动注入生命的因子，推动着管理理论的发展与成熟。中国组织的管理亦深受中国传统文化的影响。中国传统文化博大精深，涵盖儒、道、佛、法、阴阳等流派，本章从中国传统文化对管理行为的影响为着力点进行分析与讨论。

第一节　传统文化概念及其特质

文化（Culture）本身是一个比较模糊的概念。笼统地说，文化是一种社会现象，是人们长期创造形成的产物。同时又是一种历史现象，是社会历史的积淀物。广义的文化是人类创造出来的所有物质和精神财富的总和。其中既包括世界观、人生观、价值观等具有意识形态性质的部分，也包括自然科学和技术，语言和文字等非意识形态的部分。确切地说，文化是指一个国家或民族的历史、地理、风土人情、传统习俗、生活方式、文学艺术、行为规范、思维方式和价值观念等。根据英国人类学家爱德华·泰勒的定义，文化是“包括知识、信仰、艺术、法律、道德、风俗以及作为一个社会成员所获得的能力与习惯的复杂整体”。其核心是作为精神产品的各种知识，其本质是传播。文化是人类社会特有的现象。文化是由人所创造，为人所特有的。有了人类社会才有文化，文化是人类社会实践的产物。

中国传统文化（Traditional Culture of China）是中华文明演化而汇集成的一种反映民族特质和风貌的民族文化，是民族历史上各种思想文化、观念形态的总体表征，是指居住在中国地域内的中华民族及其祖先所创造的、为中华民族世世代代所继承发展的、具有鲜明民族特色的、历史悠久、内涵博大精深、传统优良的文化。除了儒家文化这个核心内容外，还包含其他文化形态，如道家文化、佛教文化等，传统文化是一个变化的、包容的、吸收的概念。文化传统是传统文化的核心，它的影响几乎贯穿一切传统文化之中，它支配着中国人的行为、思想以至灵魂。它是极难变的，一种惰性力量（或曰惯性力量）。[①]关于中国文化的特质，一般可以归为三条：第一，天人合一，顺天应物；第二，家族伦理本位；第三，贵和尚中。[②]

中国是一个家族文化传统最为悠久和深厚的国度，中国家族文化积淀之深厚，对人们心理与行为影响之深远，是其他国家和民族难以比拟的。家族文化体现了中国传统文化的基本精神和突出特征。因此，中国台湾著名学者钱穆（1973）说：“中国文化全部都从家族观念上筑起。”李亦园（1988）甚至认为，中国文化就是家文化。

虽然文化有惰性，但是任何一种文化都非一成不变的，中国人传统社会所流传的家族文化也一样，其对家族企业的影响，不可能一成

① 李慎之. 中国文化传统与现代化［J］. 战略与管理，2000（4）.

② http：//zhidao.baidu.com/question/14052063.

不变。随着社会多元化的发展趋势，传统家族主义的价值取向和伦理规范化对中国人社会的影响也会发生变化，但是“以整个中国民族而言，中国文化的基本价值并没有离我们而去，只不过是存在于一种模糊笼统的状态之中。中国人对人、对事、处事、接物的方式，暗中依然有中国价值系统在操纵主持”①。泛家族价值取向，使得人与人之间根据彼此之间的关系而有不同的行为，由此形成差序人际格局。这种差序人际格局尊重“尊尊”“亲亲”原则（Hwang，K.，K.，1998）。这种“尊尊”“亲亲”原则显示出的是人际差序和谐，这与中国文化的特质相一致。

第二节 中国管理价值观的概念及特点

从一般意义上来看，文化传统对企业管理的影响，并非直接作用于管理实践的，在管理的具体措施和事务之前还有一个层次，这就是管理价值观。所谓管理价值观，就是指关于如何管理、怎样管理、管理的出发点和目的如何界定的问题。如前所述，文化的整体性对现代企业管理有着重要意义。管理本身是文化复合体的重要组成部分，管理之中无不渗透着文化传统的因素，表现在价值取向、思维方式、制度模式选择等层面上。罗克齐（Rokeach）（1968）将管理价值观定义为众多的行为方式和决策方法中特殊的、持久的信念，从个人的角度和团体的角度是更可取的。一种价值观一旦被深化，它就有意或无意地成为一种引导行为的标准，发展并延续为对待特定事物和情况的态

① 余时英. 中国思想传统的现代诠释［M］. 台北：经联出版公司，1987.

度，使自己或他人的行为和观点合理化。[①] 霍夫斯泰德（1997）也认为，“一定量的精神程序”能使个人在相似情况下做出始终如一的反应。我国学者潘承烈、虞祖尧（1997）认为：“价值观管理是在企业的价值观指导下，形成各种与之相适应的制度，辅助企业的管理。这是吸收东西方管理之长，同时又克服各自管理文化的缺点而成的一种管理思想。”[②]

于广涛、富萍萍、刘军、曲庆（2007）通过实证研究得出中国人价值取向有着阴阳调和的特点。阴阳调和也即注重事物之间的和谐。根据上文中国传统文化的精神特质，中国人的管理价值观表现为追求和谐，包括管理者与被管理者、组织与个体、组织与环境的和谐。中国人注重功名思想，儒家入世观成为中国人接受的主流价值，由此，本书提出中国人的和谐观主要体现为两种倾向，一是注重人际关系，二是注重组织绩效，即注重“准家”的绩效。

第三节　中国人的行为模式

中国人社会关系运作方式及特征，一直是中外学者探索的重要领域。现有研究多从文化或中国社会实际入手探讨中国人的行为模式，许多学者从哲学和伦理层面出发，通过对儒家思想中“伦”的研究，认为中国社会是一个重视“人伦关系”的社会。其中，以梁漱溟、冯友兰、余英时、金耀基等为代表。梁漱溟认为，将中国归结为伦理本位的社会，是因为中国社会缺乏集团生活，在中国，家庭处于显然位

① Rokeach, M. Beliefs, Attitudes, and Value: A Theory of Organization and Change [M]. San Francisco: Josey-Bass, 1968: 160.

② 潘承烈，虞祖尧. 振兴我国管理科学——我国管理科学引论 [M]. 北京：清华大学出版社，1997：291.

置，发挥极其重要的作用，团体和个人的关系则轻松若无物。家庭因此显得尤为重要。“伦理关系，即是情谊关系，亦即是其相互间的一种义务关系。伦理之理，盖即于此情与义上见之”。[①] 余英时对中国人伦关系进行了研究，提出了特殊性与普遍性问题。他说：人与人之间的关系在中国一直被称为“人伦”。“伦”字意思后世的注家说是“序”，即表示一种秩序……五伦关系有互相关联的两点最值得我们注意：第一是以个人为中心而发展出来的。个人的关系不同，则维系关系的原则也不同，如“亲”“义”等皆是。第二是强调人与人之间的自然关系，五伦关系始于父子。20 世纪 40 年代，费孝通通过田野调查提出“差序格局”这一中国人际关系特征。他说，从己向外推以构成的社会范围是一根根私人联系的绳子，每根绳子被一种道德要素维持着。社会范围是从“己”推出去的，而推的过程里有着各种路线，最基本的是亲属、亲子和同胞，相配的首先要素是孝和悌。……向另一路线推是朋友，相配的是忠信。“为人谋而不忠乎，与朋友交而不信乎？”翟学伟（2005）认为，在差序格局中并没有一个超乎私人关系的道德观念，这种超己的观念必须在团体格局中才能发生。

一些在中国社会生活过的外国学者通过自身观察或经验性的研究也得出，中国社会是一个通过“个人关系”连接起来的社会，如雷丁、福山等。并由此认定这种连接方式是特殊主义的。我们来看美国记者弗克斯·巴特菲尔德（Fox Butterfield）于 20 世纪 80 年代在中国社会生活说的一段话：

我开始感兴趣地注意，中国人如何不同于我们的方法来组织自己的内心世界。我们习惯于将人们看成个人。当然，我们对熟人和生人也有某些区别。但只要是人，我们与之相处的行为方式却是基本一样的。然而，中国人却不同，他们本能地将人们分为两类，而划分的标

① 梁漱溟. 中国文化要义［M］//梁漱溟全集（第 3 卷）. 济南：山东人民出版社，1990：81.

准则是看自己是否已经建立和对方的固定交往与联系，中国人将其称为“关系”。这种关系就像一张看不见的网，将一个人与其他许多人连接起来，从而发挥西方人交际中的纯友谊难以匹敌的重要作用。关系形成了一种社会磁场，中国人在其中活动，清楚明白自己与谁有关系，与谁没有关系（巴特菲尔德，1989）。

20世纪80年代，巴特菲尔德的话与100年前在中国生活了更长时间（50年）的传教士明恩溥（A.Smith）的一段话非常相似。明恩溥说：“在盎格鲁·撒克逊人中，普遍流行着这样一种信条：每个人都应把自己看作是一个独立的个体，当然，别人也这般来看待他。……按常理，裙带关系是人类一个必然结果，但与此不同的是，在西方，我们所理解的裙带关系几乎都未包含这方面的含义。在我们看来，个体只是社会的细胞。在中国，情况则完全相反。每代人都被明确地看作是漫长世系的一个驿站，而在此之前，先辈们已走完了无数个这样的驿站。姻亲关系既错综复杂又准确无误。……其实，中国人的裙带关系并不仅仅体现在普通人的自然交往以及更为虚伪、做作的官场交往中，而是在生活的各个方面都有体现。中国人天生就有一种内在的联合、凝聚力，并表现出一种极强的聚合倾向。……裙带关系使他们整天忙于应付处理各种错综复杂的关系而无暇他顾。实际上，中国人观念里的裙带关系，与西方人观念中的个人平等正好相对”（明恩溥，1998）。

从以上研究中可看出，中国人的行为理念中有一种共同的理念，但对这理念的实施是依据对象与自己的关系处理，是一种特殊主义行为模式，这种特殊主义模式的形成是依据彼此之间的“伦”而进行的。翟学伟（2011）则认为，用普遍主义与特殊主义的二元对立观点来分析中国人的行为模式是不可取的。因为中国人的社会认知、社会行为及其儒家思想均不体现二元对立的关系，而近似连续统（Continue）的关系。连续统，是指在两极之间存在着一种过渡性，这种过渡性使两

极之间的差异和对立变得模糊，而凸显了彼此之间的相通、相容乃至相互转化的可能，从而形成一种你中有我、我中有你的社会认知与行为方式。在这样一种社会与文化模式中，中国通常不去寻求两个事物之间的边界在哪里，而是试图寻找两个事物之间可融合的或者向对方转变的地方在哪里。由此一来，中国人所谓的差异不是对立的、界限分明的意思，而是各有侧重的意思。

众所周知，中国传统社会是一个农耕社会，其中有两个重要的社会现实问题是中国人一直面对的：一是土地将中国人祖祖辈辈地捆绑在一处，由此而缺乏家庭之外的生活和个体流动的可能性；二是以家为组织的生产单位既需要经营和管理的规范，也需要其乐融融的亲情氛围。为了兼容这两个方面的要求，家庭规范往往不是制度性的，而是伦理性的。从传统思想的发生来看，早期中国人无论在生活实践中还是在著书立说中，均需要找到一种情和理都不偏废的理论模式，这造成了一方面要讲究秩序，另一方面又要照顾到彼此情感的需要。原则与情境之间的调和是任何一个生活在中国社会的人必须理解的法则（翟学伟，2011）。所谓天地良心、公道自在人心等虽是中国人所诉求的普遍规则，但这种普遍性的获得不是靠外在制度规范，而是靠内心的领会。中国人是用将心比心、体谅、设身处地的方法来达到普遍性的，即儒家所强调的忠恕。儒家思想非常强调人的内心体验，而缺乏操作上的程序和客观标准，虽然儒家给人们的交往定了一些原则，如董仲舒曾说过，礼者“序尊卑贵贱大小之位，而差内外远近新旧之级也”（《春秋繁露·奉本》）。儒家思想运作起来带有相当程度的个人经验性和自主性。由此，儒家强调人与人交往的“礼”是根据交往当下情境确定人与人交往的原则。在中国人看来，普遍原则本身并非一个制度规范，也不是一个超越个人和群体的律法，也难以一视同仁。金耀基（1993）则对此有类似的看法，他指出，个体在建立个人关系网络时应把重点主要放在自己与其他具体的个体之间的特殊关系上，个体总是在一种特殊关系的基础上与他人进行交往的。……按照儒家的思维模式，一个人可以由家庭推及国家，再由国家推及天下。但是，儒家的绝大多数价值规范都不是普遍性的，就连无所不包的“仁”也很难解释成一种全面戒律。

帕森斯认为，社会行为模式中的这些变量包括特殊主义与普遍主义；先赋性与获致性；情感性与情感无涉性；扩散性与专一性；集体取向与自我取向，实际上是一个行动者因其所处的社会中的文化模式压力所做的被迫性选择。

中国社会是家族文化的典型代表。这一伦理的核心在于强调家的价值，家作为一种社会关系的根本，支配着其他人际关系。从历史的角度来看，父子关系胜过君臣关系，“孝”重于“忠”（特别是在汉朝以前）。在传统的人际关系中，中国人在亲属间关系密切，而在非亲属间关系淡薄。对“家”的概念值得一提的是，中国的“家”并非等同于西方的核心家庭，而是家系的延伸或指氏族，氏族中几世同堂是普通的现象。例如，在中国不少传统农村里，几乎所有村民都是同一氏族的成员，而且同姓。福山（1995）认为，家族文化导致对外人较强的不信任和对亲属圈较高的信任（Yamagishi 和 Yamagishi 称之为“安心感”）。根据福山的观点，信任促进自发性社交而与经济的繁荣和竞争密切相连。他列举了中国、法国和意大利作为低信任社会的实例，并指出这些国家的社会组织以家族和亲属为基础，家族关系很强，但外人之间信任关系相对较弱，对家族以外的人缺乏信任，就难于在没有关系的人中间形成包括企业在内的组织和机构，因此这些国家主要由小型的家族所有和由家庭经营的企业所支配，而且出现了一种“中间断层”，或者说在国有大型经济组织和私营小企业之间的中间纽带较弱。与此相反，福山列举了美国、德国和日本作为高信任社会的例子，认为这些国家的社会组织不依赖于亲属，人们通常对家族外的人也具有较高的信任，因而产生较高的自发性社交。与低信任社会相比较，

高信任国家已经自发地发展了强大而具有凝聚性的大型企业和强有力的中间组织（家庭和国家之间），这正是这些国家成为世界领先强国的一个重要因素。福山进一步阐述，在自发性社交以及创造和经营大型组织的能力方面，日本和美国很相似。他指出，日本的产业机构一贯由大型组织所支配，而且在日本的经济发展过程中，从家族经营模式到专业管理的转换相对较早（Fukuyama ，1995），这些显著特征在某种程度上说明了日本类似于西方高信任社会的基础。

在目前的中国，亲属仍然是获取保护和合作的主要关系来源。现今的中国私营企业仍以家庭关系为基础，家庭经营为主的企业深受家族力量的影响。凌月文（1996）根据1995年在14个城市范围内对300家大型私营企业进行调查的结果，认为企业管理层成员中有37.15%来自家族和好友，而47.16%的企业老板对企业管理层成员持有不同程度的不信任感。这一结果与福山的观点，即家族主义造就家族外低信任似乎具有一致性。他指出，家族从经济的角度上起到扩大亲属圈和信任圈的作用，亲属关系提供了一种在陌生人中不易产生的可信任性和恩惠度的基础，从而极大地扩大了可以放心地引进家族企业的人员范围。

山岸理论和福山理论具有非常强的一致性，因为两者均认为，具有较强的内部联系的组织（特指家族）在社会上起着很重要的作用，从而失去了对集团外一般人的信任。山岸的一般信任不仅仅限定于家族之内，而是更为普遍的概念。福山指出牢固的家族关系阻碍信任向集团外界发展这一问题，对此，山岸（1998）主张说，具有强大内部联系的集团没有理由只限定于家族。由此可见，福山强调的“信任”一词与山岸（1994）定义的一般信任具有同等含义，即一种较强的依恋关系之外的对一般性他人的信任。在中国社会里，人们在追求目标的时候，通过与特定的人建立长期稳固的关系而感到放心（安心），在这种情况下，安心感的确有利于降低企业组织运行过程中的交易成本，获得暂时利益，但同时也使依恋关系内的人失去与外界交往而获取更大利益的潜在机会。

中国社会构成表现是“差序格局”（费孝通，1947）。“差序格局”概括了乡土中国（即传统中国社会）的主要特征，如：①血缘关系的重要性；②公私、群己关系的相对性；③自我中心的伦理价值观；④礼治秩序，即利用传统的人际关系和伦理维持社会秩序；⑤长老统治的政治机制。在围绕“关系”进行的研究中，费孝通的“差序格局”一文，无疑是极富洞察力与开拓性的研究之一。在乡土性的基层社会里，与西方社会的团体格局相比，社会关系是按照亲疏远近的差序原则来建构的（陈俊杰、陈震，1998）。差序格局这一概念十分契合中国社会人际关系的本质（杨善华、侯红蕊，1999）。中国人交往时讲究“恕”、“礼”，但不同的交往对象对“恕”、“礼”的内容是不同的，由此可知，中国人行为模式表现出原则与情境契合的特点，具体表现为家庭为中，亲疏有别，伦理为纲，尊卑有序（权威取向）。

第三章　相关文献综述

第一节　信任相关研究综述

一、信任定义

激烈的市场竞争促使组织致力于可持续竞争优势的构建，随着资源基础论主导地位的确立，对可持续竞争优势的研究开始由关注传统的市场战略转向考虑组织内部因素（Davis 等，2000），组织情境下的信任日益成为管理学、经济学、社会学关注的焦点。虽然大家对于信任对人的依靠的影响的重要性没有异议，但是对信任的概念界定却不尽相同（Hosmer，1995）。

Sabatelli 等（1983）首先提出信任的相关研究，指出人际信任是一种认为他人会履行其口头承诺的综合性期望（Generalized Expectancy），故只要实现他人所期望的目标，即能得到他人的信任。McAllister（1995）指出，信任是在一个社团中成员对彼此常态、诚实与合作行为的期待，其基础是社团成员共同拥有的规范以及个体隶属于那个社团的角色，亦即信任是个人对特定人的正面预期态度。Mayer 等（1995）则认为，信任乃信任者不论在有无能力监督或控制对方的情况下，愿意将自己暴露在容易被伤害的情况下，亦即信任的本质并非被动地承担风险，而是愿意主动承担风险。Carnevale 和 Wechsler（1992）认为，在社会交换关系中，个人或团体在其意图行动上显现出信赖与相信，以合于道德、水平、可预期、无威胁的态度对待他人的权力和利益。而鲍威尔（1990）的观点与此不同，他从关注信任产生的社会环境入手，通过对四种合作网（地缘网络、研发网络、商业集团、战略联盟）的考察，发现每种类型的合作网都有自己建立信任的社会基础。他的研究走出了信任的传统方式（一种认为信任是精心考虑的理性产物，一种认为信任是一种文化价值观），提出信任就像在经济交换中使用功效卓著的润滑剂，可用它来化解复杂的现实问题，这比采取预测预报手段、运用权威或者通过讨价还价，要快速得多、省力得多。与此相似的有罗德里克、汤姆（2003），福山（2001），他们认为信任是一种社会和个人的定位，具有走出理性预测的社会意义。福山（2001）等，罗德里克、汤姆（2003）认为："所谓信任，是在一个社团之中，成员对彼此常态、诚实、合作行为的期待，基础是社团成员的规范，以及个体隶属于那个社团的角色。"信任别人总是持续合作，不管团体中他人的行为如何（Brann 和 Faddy，1988）。这种信任行为反映的是"道德责任或义务"（Kramer 和 Goldman，1995）。换句话说，工具主义模式不足以解释人们对他人的信任。

由于视角不同，对信任内涵的界定有着多种观点，见表 3–1。

表 3–1　不同视角下的信任定义

作　者	定　义	信任要素
Deutsch（1958）	信任是一个人面临有可能给自己带来的预期损失大于预期收益的不确定状态（Uncertainty）时所作的非理性选择	不确定性（脆弱性）
Zand（1972）	信任是在另一方的行为无法控制的状态下，而宁愿使自己处于易受伤害地位（Vulnerability）的一种意愿	不确定性（脆弱性）
Stable（1993）	信任是对交易任何一方都不会利用对方的弱点的相互间的信心	相互依赖（正面期望）

续表

作 者	定 义	信任要素
Mayer，Dvis 和 Schoorman（1995）	信任是一方使己方处于易受另一方行为伤害状态（Vulnerability）下的意愿，这种意愿基于对对方的行为对己方有重要影响的预期而不顾己方监督和控制对方的能力	同时考虑相互依赖（正面期望）和不确定性（脆弱性）
McAllister（1995）	将人际间的信任视为个体确信且愿意基于他人的语言、行动和决定采取行动的程度	不确定性（脆弱性）
Rousseau，Sitkin 和 Burt（1998）	信任是一种心理状态，包括基于他人意图或行为的正面期望而接受脆弱性的意愿	同时考虑相互依赖（正面期望）和不确定性（脆弱性）

资料来源：根据相关资料整理。

综合各学者对于有关信任的看法，将信任的内涵概括为：①双方相互依存。信任可以存在于个体与个体、个体与群体、个体与组织或组织与组织之间，但无论什么层面的信任，必须存在信任方与被信任方的相互关系，缺少任何一方信任将无从产生。②风险意识。由于信任方不具备监督和控制被信任方的能力，被信任方可能背离信任方的期望导致结果的不确定性。因而，信任方总是存在易受被信任方伤害的风险，而对方的行为完全确定没有风险时，则不需要信任。③乐观心理。尽管信任意味着愿意承担风险，但最终信任与否取决于信任方对被信任方行为的心理预期，当信任方对被信任方的行为存在积极的、乐观的预期时，信任才可能产生。④行为互动。信任源于信任双方间的相互作用，这是一种动态的博弈。在不同的时间、情境下，信任方对被信任方的心理预期及其承担风险的意愿会受到影响，从而影响信任的程度。

二、组织信任定义及特点

Costigan，Itler 和 Berman（1998）将组织内部的信任归为制度信任（Institutional Trust）和人际信任（Interpersonal Trust）两大类，其中制度信任主要是基于高管做出的组织决策产生的结果形成的，而人际信任主要是基于被信任者的特性、语言和行为形成的。与此相类似的是社会学家卢曼在《信任与权利》中把现代社会中的信任分为两种类型，即人际信任（Personal Trust）和制度信任（System Trust），前者建立在人与人之间感情关系和熟悉度的基础上，后者建立在法律、制度等惩戒性或预防性机制上，并认为信任是一种简化复杂的机制，能减少社会生活和交往的复杂性（卢曼，2000）。从不同的视角对组织信任进行分类，主要代表性的观点见表 3-2。

表 3-2 组织信任定义

研究者	组织信任的定义
Eisengerger（1986）	组织信任是员工对组织重视员工、关心员工程度的整体信任，此种信念称为“察觉的组织支持”
Graen 等（2003）	主管与员工两个人之间的关系，一般称为“领导与员工之间的交换关系”
Malnight 和 Tich（1989）	组织信任是工作团体之间、公司之间、客户与供应商之间进入解决问题阶段的起点
McCauley 和 Kuhnert（1992）	水平信任是同级之间的信任 垂直信任是员工与主管、高级管理者、整个组织之间的信任关系
林钲琴（1996）	同级信任是同事之间的信任关系 上级信任是与上级之间的人际信任关系 组织信任是对组织整体非人际的信任关系
Nyhan 和 Marlowe（1997）	个人信任是组织成员人际互动后对彼此的认识和了解 系统信任是组织成员对组织整体的信任
Costingan，Itler 和 Berman（1998）	关系信任是监督者与组织成员、同事之间的信任关系 系统信任是组织成员对高管理者、整个组织的信任关系
徐杨顺（2001）	对管理者的信任是组织成员对管理者的依赖程度 对同事的信任是组织成员对同事的依赖程度 对组织的信任是组织成员对整个组织的依赖程度

资料来源：根据相关资料整理。

蔡翔、李燎原（2006）基于中国管理情境认为组织内部信任具有情感性、长期性、不对称性和多维性。传统的文化因素，如对权威的尊重、集体主义、“家”文化和“关系”等可以对不同国度的组织内部信任产生重要的影响。显然，东方文化都强调组织和社会的和谐、“和为贵”、“礼轻情义重”及“家”文化等。因此，与西方经济组织比较，以中国为代表的东方经济组织内部信任的情感内涵要更多一些。由于长期的工作关系，组织内部的各种信任行为不是“蜻蜓点水”式

的一次性交换关系，而是具有周期长、互动机会多、频率高等特点，近似于无限次重复博弈。因此，组织内部信任的抗脆弱性有所提高，组织重拾信任的机会有所增加。与一般的人际信任不同，组织内部的信任链、信任双方之间具有不对称性。组织内部纵向信任的双方在各种资源方面的优势显然不同，因此在构建内部信任方面的责任也就不一样，尤其是领导者在组织内部信任构建的过程中的作用极其重要，领导者在与员工互动的过程中，发挥着人与人之间的凝固剂作用，可聚合成为共识与共事的能力，并在很大程度上决定着组织的绩效。组织信任的多维性，是指组织内部信任的维度构成实际上是连续的、统一的，既包括基于情感的信任维度，又包括了基于认知的信任维度，它们是连续统一体的关系，组织内部信任都是这两者的不同比例组合，具体何种维度占优，要取决于具体的情景因素。

三、组织信任影响前因

目前，学者们从不同的视角对组织内部信任的前因进行的探索大体可归于微观、中观和宏观三个层次。从微观层次上来说，主要指个体心理对信任的影响。从中观层次上来说，主要指组织特性和社会网络对信任的影响。从宏观层次上来说，主要指社会文化和社会组织对信任的影响。

1. 微观层面的分析

（1）信任者个体特性。个体由于家庭背景、所受教育、社会经历等的不同，会导致人格等个体特性的差异，由于信任主体和信任客体是信任存在的前提条件，个体的异质特性势必会对信任程度产生影响。大量研究证据显示，人们在信任他人的一般倾向性上存在着个体差异。[①]

---

① Gurtman M. B. Trust, Distrust and Interpersonal Problems: A Circumplex Analysis [J]. Journal of Perssonal Social Psychology, 1992, 62: 989-1002.

人生早期的人际信任经历使人们初步建立对其他人可信度的一般性观念，如人类本性善恶观等（Wrightsman，1991）。在成长过程中，通过与不同人的接触，一般性观念不断地得到泛化和转移，逐步形成对其他人的某种固定预期模式，并在成年后转变成为相对稳定的人格特质（Rotter，1980）。由于每个人的成长背景和社会经历不尽相同，因而对他人的信任程度也就会有所差异。虽然组织管理研究早已承认信任行为上个体差异的存在，但长期以来并未给予足够的重视。直到近些年才逐渐开展对信任个体差异的测量，并利用测量结果来选聘和评定值得信任的员工。[①]

交往经验。经验是影响人们人际信任行为的另一个因素（Boon S. D.，Holmes J. G.，1991）。信任的交往经验理论模型的要点在于：信任判断由两阶段心理过程构成。首先，人们对他人有某种预期，对他人的可信度先有一个假设；其次，实际的交往情况可能会验证或推翻原有的假设，预期随之而发生变化。交往经验在第一个阶段产生作用是因为经验为人们提供了评估他人个性特质、意图和动机等有用信息，构成了推断他人可信程度及其未来行为的基础（Gurtman，1992）。实际情况与预期之间差距越大，则人际信任行为的改变（增加或减弱）越多（Boyle，1970）。第二阶段的判断又成为新积累的经验。人们在交往过程中，通过了解他人的处事行为方式，逐步形成对他人可信度的定位。所谓“日久见人心”，正是交往经验信任的一个很好的证据。研究表明：交往关系中的互惠合作行为能够促进双方的信任（Lindskold，1978）。因此，组织应鼓励成员之间的合作态度，并提供各种条件，使他们有机会体验合作的交往经验。这对于在组织内建立、增强和维护人际信任是非常重要的。

（2）被信任者的特质。Mayer，Davis 和 Schoorman（1995）认为，

① Kipnis D. Trust and Technology [J]. Thousand Oaks，CA：Sage，1995：39-50.

被信任者的能力、善意和正直三者对于人际间信任的产生非常重要，并推断出交往开始时正直对信任的效果较为显著，随着相互间关系的发展，善意的影响将会增加。他们的研究仅停留于理论分析，并未就此进行经验研究。Jarvenpaa，Knoll 和 Leidner（1998）的研究则为此提供了经验支持，在阶段 1，能力（$\beta = 0.190$，$p < 0.05$）和正直（$\beta = 0.533$，$p < 0.001$）会对信任产生显著影响，但善意的影响不显著；而在阶段 2，正直（$\beta = 0.443$，$p < 0.01$）和善意（$\beta = 0.333$，$p < 0.01$）会对信任产生显著影响，而能力的影响则不再显著。此外，其他学者的研究也对此提供了有力的支持，如 Davis，Schoorman 和 Mayer 等（2000）对旅馆业的经验研究表明：总经理的善意（$\beta = 0.224$，$p < 0.05$）、能力（$\beta = 0.083$，$p < 0.05$）和正直（$\beta = 0.427$，$p < 0.05$）会显著影响员工对其的信任；Tan 和 Tan（2000）的研究也表明：主管的能力（$\beta = 0.17$，$p < 0.001$）、善意（$\beta = 0.40$，$p < 0.01$）和正直（$\beta = 0.41$，$p < 0.01$）会对员工的主管信任产生显著影响。Podsakoff，MacKenzie 和 Bommer（1996）对信任者其他特性与信任间的关系进行了探索，研究结果表明，员工的能力、经历、培训和知识会显著影响其对领导的信任（$\beta = 0.14$，$p < 0.05$）。

（3）相互关系特性。信任者与不同的被信任者间会存在不同的相互关系，主要体现在信任者对双方的相似性和交互作用的感知上，这种感知上的差异势必会对信任程度产生影响。彭泗清（1999）提出中国人的关系运作也会产生人际信任。郑伯埙（1999）亦认为下属对上司的信任与上司对下属的信任，其各自的决定因素是有差异的，他对华人社会中上下关系的研究表明：影响上司对下属信任的主要因素是彼此间的关系（Guanxi）、下属的忠诚与才能，而影响下属对上司信任的主要因素是彼此间的关系、上司的善意与正直。Farh，Tsui 和 Xin 等（1998）在中国背景下，就上下属间的配对研究表明，教育程度和性别的相似性会对下属对主管的信任产生显著的影响（分别为 $\beta =$

-0.09，$p < 0.05$ 和 $\beta = -0.16$，$p < 0.05$）。Wong，Ngo 和 Wong（2003）的研究则表明：上下级关系（Guanxi）显著影响员工对主管的信任（$\beta = 0.27$，$p < 0.01$）。McAllister（1995）发现成员间相互交往的频率会对相互间的信任产生显著影响（$\beta = 0.22$，$p < 0.01$）。

（4）扮演角色。人们会因为处于某个特定职位而获得与该职位相应的人际信任。这种根据某人在组织中的特定地位和角色而做出的信任判断，便是角色信任。它与类别信任相似，并非基于与具体某个人交往获得的经验信息，而是以“角色、地位”作为判断他人可信度的“替代”信息。因为不是人人都可担任组织中的某种职务，通常都有一定的条件限制，如应受过特殊训练，应具有特定社会经验，且组织内存在着一定的机制（如招聘、业绩评定等），用以保证就任某职位的人符合该职位对责任和能力的要求。所以，即使缺乏对个人具体信息的了解，人们也会根据他所处的职位，与之建立某种程度的信任。[①] 角色信任的作用在于，当人们对特定职位上某人的意图和能力做出信任判断时，它减少了不确定性，节省了必须经反复交往才能建立信任所需的时间、精力等资源成本；同时，若建立信任所需其他信息不完备，它则是产生单方面合作倾向的必要条件。[②] 角色信任的缺点在于它的脆弱性，尤其是当组织处于危机或转型时期，原先对某一角色的定位会被完全突破，从而会打破人们已经建立的“角色信任”。

2. 中观层次分析

组织人力资源管理的政策与执行程序会影响信任的知觉（Creed 和 Miles，1996），员工通过对组织人力资源管理政策与执行情况的感知，了解自己是否得到组织的信任；而组织通过奖励、控制与绩效评估执

---

① Dawes R. M. House of Cards : Psychology and Psychotherapy Built on Myth [M]. Free Press，1994：33-35.

② Weick K. E.，Roberts K. Collective Mind in Organizations：Heedful Interrelating on Flight Decks [J]. Administer Science，1993 (38)：357-381.

行可以促进或降低员工所感知到管理行为的可信度。奖惩的公平性对于员工与组织或者管理者的信任程度具有相当大的影响力（Broclţner，Siegel，Tyler，Daly 和 Martin，1997；Carnevale 和 Wechsler，1992），涉及分配公平及程序公平，如员工的报酬或升迁与其贡献相等且报酬与其需求成比例，则员工对组织具有较高的信任感。Lind（1988）指出，程序公平是信任的来源之一，程序公平的使用显示组织尊重个别员工的权利尊严，假如分配的结果对员工不利，但整个奖惩的执行过程相当公平，员工仍然会对组织信任，Mayer 等（1995）指出程序的公平是人们用以推论他人是否值得信任的一个要素；Sanders（1993）的研究指出绩效评估访谈对员工对组织的管理及管理者的信任都会提升，结果的公平性及程序的公平性两者之间具有相互影响的关系，两者之一或者两者同时都会影响人们对组织权威的信任感。人力资源政策与程序的设计也会影响员工对信任的看法（Creed 和 Miles，1996；Whitener，Brodt，Korsgaard 和 Werner，1998），诸如奖惩、控制、绩效评估实务等人力资源系统会促进或阻碍管理者是否值得信任。

3. 宏观层面的分析

组织的外部环境也会对组织内部的信任产生影响，其中国家文化对信任的影响最为显著。福山（2001）认为，信任由文化决定，社会信任根植于宗教、伦理、习俗等文化资源之中。因此，由于文化的差异，不同社会中的信任度相差很大。

Chen，Chen 和 Meidi（1998）对文化与信任的关系进行了探讨，指出个人主义有助于增进认知信任，集体主义则有助于促进情感信任。Doney，Cannon 和 Mullen（1998）的研究更加全面，他们将信任的形成过程划分为计算过程、预测过程、意图过程、能力过程和转移过程五类。理论分析结果表明：集体主义文化下的信任者倾向于通过计算过程和能力过程形成信任，而个体主义文化下的信任者倾向于通过预测过程、意图过程和转移过程形成信任；男性化社会中的信任者倾向于通过计算过程和能力过程形成信任，而女性化社会中的信任者倾向于通过预测过程、意图过程、转移过程形成信任；高权力距离社会中的信任者倾向于通过计算过程、预测过程和能力过程形成信任，低权力距离社会中的信任者倾向于通过意图过程和转移过程形成信任；高不确定性规避社会中的信任者倾向于通过预测过程、意图过程、能力过程和转移过程形成信任，低不确定性规避社会中的信任者倾向于通过计算过程形成信任。但他们的研究仅停留在理论分析层面，尚缺乏经验研究的有力支持。汪丁丁（1995）指出，从那个最深厚的文化层次中流传下来，至今仍是中国人行为核心的，是“家”的概念。正是在这种厚重的“家文化”支配下，中国式家庭关系的模式也就自然地被移植到了华人企业之中，并且一直伴随和影响着华人企业的发展。北京大学张维迎曾在学术会议上说，举凡几千年的中华文明史，君主统治一直在家族化管理与职业化管理之间徘徊。德国大哲学家黑格尔亦提出中国终古不变的宪法的精神是“家庭的精神”，中国家庭的基础也是宪法的基础，中国纯粹建筑在这一种道德（家庭的关系）的结合上，国家的特性便是客观的家庭孝敬。①

四、西方文化背景下的组织信任维度

由于不同的研究者对组织信任的理解和研究视角存在差异，导致了组织信任维度划分与测量的多样性。现有组织信任文献研究大体可分为两个层次的研究：人际信任和非人际信任（制度信任）。

对于制度信任（主要指组织信任），当前的经验研究主要将其视作单维的（Ashford，Lee 和 Bobko，1989；Aryee，Budhwar 和 Chen，2002），尤其是在同时存在制度信任和人际信任的研究中更是如此（Costigan，Itler 和 Berman，1998）；对于人际信任，则存在维度划分的

① 黑格尔. 历史哲学［M］. 王造时译. 上海：上海书店出版社，1999：126，127，129.

多样性，更多的学者倾向于将人际信任视作多维的（Ganesan，1994；Das 和 Teng，2001；Mayer，Davis 和 Schoorman，1995）。

在早期的信任研究过程中，大多数学者都将人际信任简单地视作单维的变量，并开发了相应的信任测量量表进行经验研究。其中较有影响力的量表是 Cook 和 Wall（1980）开发的工作中的人际信任量表，该量表包括 12 个测量条款，但其内部一致性系数较低，仅为 0.60，较低的一致性系数说明信任更可能是多维的变量。此外，Ashford 和 Mael（1989）开发的组织信任量表的内部一致性系数虽然达到了 0.78，但它包括的测量条款仅有两项。20 世纪 90 年代以来，学者们更多地倾向于将信任视作多维的变量。由于不同的研究者对信任的理解和研究视角存在差异，导致了信任维度划分与测量的多样性。

（1）信任者视角。部分学者从信任者的视角对信任的维度进行了划分：如 McAllister（1995）将信任划分为认知型信任（Cognition-based Trust）和情感型信任（Affect-based Trust）；Lewicki 和 Bunker（1995；转引自郑伯埙，1999）将信任分为计算型信任（Calculus-based Trust）、知识型信任（Knowledge-based Trust）和认同型信任（I-dentification Trust）。

McAllister（1995）基于认知和情感两个维度开发的信任测量量表，由 11 个测量条款组成，其中认知维度包括 6 个测量条款，内部一致性系数为 0.91，情感维度包括 5 个测量条款，内部一致性系数为 0.89，但他并未对该量表的效度进行检验。尽管该量表是基于对经理人员研究开发的，但其对于普通员工的信任同样适用，很多学者都采用该量表对员工的信任进行测量（Costigan，Itler 和 Berman，1998；Chowd-hury，2005），该量表已成为信任研究中最为著名的测量量表。

（2）被信任者视角。更多的学者从被信任者的视角对信任的维度进行了划分：如 Ganesan（1994）将信任划分为感知可信度（Credibil-ity）和善意（Benevolence）两个维度；Rempel，James 和 Mark（1985；

转引自 Das 和 Teng，2001）将信任划分为可预测性（Predictability）、可靠性（Dependability）和信念（Faith）三个维度；Das 和 Teng（2001）将信任划分为能力信任（Competence Trust）和善意信任（Goodwill Trust）两个维度；Mayer，Davis 和 Schoorman（1995）将信任度划分为能力（Ability）、善意（Benevolence）和正直（Integrity）三个维度；Farrell，Flood 和 Curtain（2005）在 Mayer，Davis 和 Schoorman（1995）的信任度的维度划分基础上开发出新的量表，但因子分析的结果表明信任仅包含能力型信任和善意型信任两个维度，其中能力型信任包括 4 个测量条款，内部一致性系数为 0.81；善意型信任包括 6 个条款，内部一致性系数为 0.82。

（3）相互关系视角。还有些学者从相互关系的视角对信任的维度进行了划分：如 Rousseau，Sitkin 和 Burt 等（1998）将信任划分为威慑型信任（Deterrence-based Trust）、计算型信任（Calculus-based Trust）、关系型信任（Relational Trust）和制度型信任（Institution-based Trust）。但学术界对威慑型信任是否可作为信任的维度尚存在争议，此外，他们也未就此信任的维度划分开发出相应的信任测量量表，进而提供经验研究上的有力支持。

虽然不同的划分标准导致了不同的分类结果，但所有的维度最终都可以归结为认知和情感两大维度（史江涛，2007）：如 Lewicki 和 Bunker（1995）的计算型信任和知识型信任从属于认知维度，认同型信任从属于情感维度；Ganesan（1994）的感知可信度可归入认知维度，善意则可归入情感维度；Rousseau Sitkin 和 Burt 等（1998）的威慑型信任、计算型信任和制度型信任对应于认知维度，关系型信任则对应于情感维度。

五、我国文化背景下的人际信任维度及特性研究

彭泗清认为，西方学者对中国人的信任行为研究很少，但偏见颇

深，这种偏见就是将中国看作是相互间不诚实、不信任的民族。史密斯（Smith，1894）在其《中国人的性格》一书中，就认为相互不信任和不诚实是中国人性格的两大特征。韦伯（Weber，1915）在《儒教与道教》（中译本，1997）中指出，中国社会中缺乏诚信的根本原因在于中国文化的特点，儒教中所谓的“君子”只注重外表的“镇定”，而不信任他人，这种怀疑一切的态度，阻碍了一切的信用与商业运作。韦伯区分了两种信任——特殊信任（Particularistic Trust）和普遍信任。特殊信任是以血缘性社区为基础，建立在私人关系和家庭、准家族关系之上的信任。而普遍信任是指以信任共同体为基础的信任。韦伯认为中国人的信任特征是特殊信任，人们只信任那些与自己有私人关系的人，而不信任外人，因此普遍信任在中国是十分缺乏的。

在组织行为学研究领域，高承恕、陈介玄（1991）对中国台湾地区企业中的“信任格局”进行了研究，他们认为目前中国台湾地区企业中的人际信任的特征是，既有传统的人情连带特质，又具有理性计算的成分。郑伯埙（1999）通过考察中国台湾地区企业组织中上下属之间的信任关系发现，企业上司对下属的信任主要由上下属之间的关系、下属对上司的忠诚度及下属的才能三项因素决定。樊景立发现，企业下属之间的信任程度与他们之间关系的强弱程度及他们的年龄、受教育状况等因素有关。黄绍伦通过对中国香港地区华人企业的信任状况进行研究，发现中国香港地区的华人企业中已经建立起普遍信任的机制。

在心理学研究领域，张建新、Michael H.Bond（1993）通过对北京、中国香港和美国三地的大学生对于具体的信任对象和信任程度的跨文化比较研究，发现三地大学生有一个共同特征，就是随着与他人关系亲密度的提高，信任程度也会提高。[①] 王雪飞、山岸俊男（1999）

① 张建新，Michael H.Bond. 指向具体人物对象的人际信任：跨文化比较及其认知模型［J］. 心理学报，1993，25（2）：164-172.

在对中国、日本、美国三国一般性的他人信任进行比较研究中，发现中国人的信任结构与另外两个国家相比更为复杂，中国社会在一定程度上仍然保留着很强的家庭意识以及对陌生人的不信任。可以说，一般信任在中国非常缺乏，但社会改革和经济发展将促使一般信任的形成。[①]

关于我国人际信任维度的研究主要有：刘颖（2007）在两次大规模调查研究（范围覆盖全国9省市19个城市40企业，共1263个有效样本）和两次经验研究（范围覆盖5省19家企业，共920个有效样本）的基础上，得出我国企业员工人际信任的四维结构模型，这四个维度分别是：关系信任、个性品质信任、胜任信任、公开性信任。许科（2002）对我国的信任维度进行的探索性因子分析表明：我国文化背景下的员工对管理者的信任可划分为道德信任、行为信任、权威信任和关系信任四个维度。徐碧祥（2007）认为，我国文化背景下的组织内部人际信任主要由以下三个维度构成：能力信任、品德信任和关系信任，并通过经验研究论证了这三个维度的存在。虽然不同的划分标准导致了不同的分类结果，但所有的维度最终都可以归结为认知和情感两大维度（徐碧祥、宝贡敏，2006；史江涛，2007）。Child和Mollering（2003）认为，关系扮演着合法保护的功能，它为建立信任提供了语境信心（Contextual Confidence）。Farh等（1998）通过32个经理样本分析表明：其中一部分以前是同学的，彼此之间更容易建立信任。

杨中芳、彭泗清（1999）认为，中国人的人际信任更多依赖于情感因素，与信用、忠诚密切相关。梁克（2002）认为，这种信任带有权利色彩。怀特利（Whitley，1991）对华人企业中的信任行为进行研究，发现在中国社会中人们主要采用以交往经验（包括个人声誉及过

① 王雪飞，山岸俊男. 信任的中日美比较研究［J］. 社会学研究，1999（1）：67-82.

去交往状况）为基础的（Process-based）信任建构模式和以个人特性（包括两人特有的既定关系）为基础的（Characteristic-based）信任建构方式，而很少采用以制度为基础的（Institutionally-based）信任建构方式。也就是说，人们主要根据他人由个人的诚信所累积的声誉和他人与自己有无共同的既定关系来发展信任，而较少用制度化的手段。薛天山（2002）的研究解释了中国人信任人际关系而不信任制度的原因在于人际关系的有效性及低成本，而信任制度则可能导致不成功或即使成功但成本较大。由此研究可知，中国人对人的信任的忠诚度高于对组织的信任的忠诚度。在李慕华（1992）的质性研究中，发现大多数企业员工对人忠诚，而非对组织忠诚，验证了此观点。

综上所述，中国组织内人际信任是一种特殊的人际信任，它与中国文化有着特殊的关联，人际信任之间更多依赖于情感、品德和能力等因素。并且，中国人的信任在逐渐地发挥普遍信任、凸显制度的作用。现有研究表明：在员工心目中，高层领导作为组织中制度化（Institutional）的一部分，对其信任表现出组织化的特点（白云涛、王亚刚、席酉民，2008）。结合上述研究，本书将组织中员工信任分为两类，一类是制度信任（包含对高层领导），另一类是同级人际信任。本书运用这种分类分析组织信任作用结果。

六、信任结果研究

（1）人际信任与组织绩效的关系。经济学家认为，信任实际上是人们为了规避风险、减少交易成本的一种理性计算。其中，最有代表性的观点是经济学家阿罗（Arrow，1974）的解释，他认为，信任就是经济交换的润滑剂，是控制契约的最有效机制，是含蓄的契约，并指出世界上很多地区经济落后大都是由于缺少相互信任造成的。

（2）人际信任与态度。在关于信任对个体态度中认知要素的影响方面的研究中，Costigan，Itler 和 Berman（1998）的研究表明：员工对高管的信任与员工对组织报酬体系的感知效能显著正相关（$\beta=0.61$）。Ferres，Connell 和 Travaglione（2004）的研究则发现，同事信任会显著促进员工的感知组织支持（Perceived Organizational Support）（$\beta=0.35$，$p<0.001$）。在信任对个体态度中情感要素的影响方面，满意感和情感承诺是学者们关注的焦点。例如：Tan 和 Tan（2000）发现主管信任会显著影响员工对主管的满意感（$\beta=0.65$，$p<0.01$）；Aryee，Budhwar 和 Chen（2002）发现人际信任会显著影响员工的工作满意感（$\beta=0.46$，$p<0.01$）；Ferres，Connell 和 Travaglione（2004）则发现，同事信任能显著增进员工的情感承诺（Affective Commitment）（$\beta=0.36$，$p<0.001$）；Laschinger，Finegan 和 Shamian（2001）将组织承诺划分为情感承诺和持续承诺，通过对加拿大 412 名护士的研究表明：员工的人际信任会显著影响员工的工作满意感（$\beta=0.25$）、情感承诺（$\beta=0.29$）和持续承诺（$\beta=-0.18$）；贾良定、陈永霞和宋继文等（2006）的研究也表明：员工对组织的信任（这里的组织信任包含着人际信任内容）会显著影响其对组织的承诺（$\beta=0.80$，$p<0.01$）。

（3）人际信任与个体行为。关于信任会对个体行为产生影响的方面。信任会对员工的行为意图产生影响。大量学者对信任和离职意图（Intention to Leave）的关系进行了研究，Davis，Schoorman 和 Mayer（2000）发现员工对总经理平均信任程度的高低会对员工的离职意图产生影响（$t=-1.63$，$p<0.10$）；Tan 和 Tan（2000）发现主管信任会对员工的离职意图产生显著影响（$\beta=-0.31$，$p<0.01$）；Ferres，Connell 和 Travaglione（2004）的研究表明：同事信任会显著降低员工的离职意图（$\beta=-0.39$，$p<0.001$）；Aryee，Budhwar 和 Chen（2002）也证实了员工对组织的信任会显著影响其离职意图（$\beta=-0.25$，$p<0.01$）。Mayer 发现，对直接领导的信任和对于高层管理者的信任会引发个体不同指向的组织公民行为。当个体信任直接领导时，会做出有利于直接领导的组织公民行为；当个体对高层管理者信任时，则会通过一些自发的

公民行为使整个组织受益（Kramer R. M. 1999）。很多学者的研究表明：信任会促进员工的组织公民行为。例如：McAllister（1995）发现经理对同事的情感信任会显著影响其关系型（Affiliative）公民行为（$\beta=0.86$，$p<0.001$）和帮助型（Assistance）公民行为（$\beta=0.56$，$p<0.001$）；Aryee，Budhwar 和 Chen（2002）选择了不同的维度划分，结果也表明主管信任对针对个体的组织公民行为（OCBI）和针对组织的组织公民行为（OCBO）都会产生显著影响（分别为 $\beta=0.30$，$p<0.01$；$\beta=0.35$，$p<0.01$）。

（4）工作绩效。在员工信任与组织绩效的关系研究方面，国内外积累了大量的文献。部分学者直接对信任和绩效的关系进行了研究，而且结论基本都表明信任会对绩效产生积极影响。Davis，Schoorman 和 Mayer（2000）发现员工对总经理平均信任程度的高低会对旅馆的销售额（$t=3.46$，$p<0.01$）和旅馆的利润（$t=2.76$，$p<0.05$）产生影响；Aryee，Budhwar 和 Chen（2002）的研究也表明：主管信任会对员工的工作绩效产生显著影响（$\beta=0.55$，$p<0.01$）；李宁、严进和金鸣轩（2006）基于问卷调研，对组织内信任与工作绩效间的关系进行了经验研究，结果表明：员工对高管、同事和主管的信任均会显著增进个体工作绩效（分别为 $\beta=0.29$，$p<0.01$；$\beta=0.28$，$p<0.01$；$\beta=0.39$，$p<0.01$）。赵西萍、杨扬、辛欣（2008）把组织信任分为成员信任、主管信任和团队信任，通过经验研究，证明组织信任各个维度对绩效产生积极影响。① 根据信任的成分对绩效的影响，实际研究表明：情感型信任和认知型信任会产生不同的行为和反应（Ng 和 Chua，2006），Chua 等（2009）认为在中国商业伙伴之间其情感联系比美国商业伙伴更为重要，并证明在中国商业经理的认知信任比美国商业经

① 赵西萍，杨扬，辛欣. 团队能力、组织信任与团队绩效的关系研究［J］. 科学学与科学技术管理，2008（3）：155-159.

理包含着更多情感认知信任。中国人信任特殊之外与关系紧密相关（Chen 和 Chen，2004），这种信任包含着认知和情感（Fei Song，C. Bram Cabsby 和 Yunyun Bi，2011）。在中国组织实践中情感起着明显的作用。例如，许多组织定期举行节日晚会、假期旅行，用这些活动促进员工彼此之间的社会化。从这些活动中，我们可以提出与关系相关的信任行为有着情感基础（Fei Song，C. Bram Cabsby 和 Yunyun Bi，2011）。

赵国祥（2005）、李超平（2006）认为，员工对领导者的信任之所以会对员工及组织的绩效产生重要影响，是由于领导者角色的特殊性决定的。领导者的行为涵盖一系列与组织绩效密切相关的内容，如创建组织结构、制定组织政策、设计组织目标与战略、决定组织成员的激励等。如果员工认为领导者是诚实可信的，他们就愿意接受领导者设定的组织目标与决策，认同与接受领导者的行为，并愿意通过自己不断的努力勠力同心实现领导者的决策目标，表现出较多的组织对人际信任的研究结果表明：提高人际信任，可以促进人们之间的沟通，有利于人们的协作，增强组织凝聚力，提高工作效率，合理配置资源，从而降低组织运行和管理成本。[①] 高素质的成员固然是组织发展的必然要素，但这些成员之间如果缺乏人际信任的粘接和润滑作用，也无法让组织整体达到高效率的运行。

从组织行为的角度来讲，组织信任是企业文化中的重要组成部分，是一种非常重要的社会资本，它会对组织中人的行为和整个组织产生巨大的影响。组织信任是领导者提高组织有效性的一个最直接、最经济、最有效的途径（Gibb，1978），仅仅通过在组织中营造一种信任的文化环境就能提高组织的生产力，而不需要改变组织的生产流程。[②]

① 郑伯埙. 企业组织中上下属的信任关系［J］. 社会学研究，1999（2）：22-35.

② Savage D.Trust as a Productivity Management Tool ［J］. Training and Development，1982，Journa，1（3）：54-57.

七、信任研究述评

通过对信任的概念、维度划分、影响因素及其作用的回顾，可以发现：组织情境下的信任理论已成为当前信任研究工作者关注的焦点，反映了信任对于组织管理的重要性已得到了组织研究者的普遍认同。但综上所述，现有关我国人际信任相关研究在概念、维度划分等方面做了大量并有成效的工作，国外的研究成果亦为研究我国人际信任提供了借鉴，但鉴于文化的不同，本研究认为中国文化背景下的组织内信任仍有很多需要进一步探索和完善的地方。

（1）信任维度及测量方法的探索。虽然目前对中国组织内人际信任的维度划分有着多种观点，也存在多种测量量表，但目前并没有一种被大家广泛认可、接受的观点。人际信任的维度划分是人际信任的基础性研究，对这方面进行探讨，无疑会为组织内人际信任的研究提供坚实的支撑。

（2）信任的前因研究。信任是一种历史文化现象（Peng，1998）。信任的建立机制会因文化而异，随时代的发展而变迁。彭泗清（1999）在文献梳理的基础上，为中国人的信任建立机制提供了两个重要线索。其一，关系运作可能是中国人建立和发展信任的重要途径。其二，在现代化进程中，法制手段也许会在中国人的信任行为中扮演一定的角色。这方面的探索无疑会极大丰富中国组织内部信任研究。

（3）信任结果的探索。现有研究表明：信任会对绩效产生影响，但在中国文化背景下，根据中国人信任的特点，探讨其对绩效的影响还需加强。而根据企业发展的要求，其创新是其基业长青的基础，本研究基于企业现实的经营要求，在中国文化情境下探讨其对绩效的影响。从国外信任结果的研究来看，信任研究结论有着不同的观点，大部分的研究结论表明信任会对绩效产生正面影响，但也有学者研究表明信任会对绩效产生负面影响。例如，McAllister（1995）的研究表明：

经理对同事的情感信任会通过影响对同事的基于需求的监督，进而会对同事绩效产生负面影响，这给了我们启发，通过对现有研究的进一步深入细化研究极有可能会获得新的发现。

（4）中国人的信任特点，现有研究表明：中国人对组织信任的程度低于人际之间的信任，但人际之间的信任更多来自“自家人”“圈内人”。

第二节　工作绩效相关研究综述

工作绩效是组织行为和人力资源管理研究文献中最为广泛研究的变量（Bommer，Johnson，Rich，Podsakoff 和 MacKenzie，1995），但是直到今天，还没有一个统一的结构模型。[①] 现有工作绩效的研究主要围绕两个方面展开：一方面是有关绩效维度结构的研究，主要是确定和定义大体上适用于所有工作的绩效类型；另一方面是对于绩效的条件变量与不同绩效维度成分间的因果关系的研究，主要是确定导致绩效变化的因素及对因果关系的解释（Campbell，Gasser 和 Oswald，1996）。

一、工作绩效界定

关于工作绩效的定义，宽泛而言，就是一个标准问题（Campbell，Gasser 和 Oswald，1996）。工作绩效的实质就是个体帮助组织达到其目标的程度的体现（Campbell，1983），据现有文献，对工作绩效的界定

① Katzell R. A.，Austin J. T. From then to Now：The Development of Industrial Organizational Psychology in the United States [J]. Journal of Applied Psychology，1992，77（4）：803-835.

是一个逐渐拓展的过程。概括来说，现有对工作绩效的界定主要有三种观点：绩效是工作结果或产出；绩效是行为；绩效是素质。

（1）绩效是结果。"绩效是结果"的观点认为，绩效工作所达到的结果，是一个人的工作成绩的记录。Bernardin 和 Beatty（1984）认为，绩效是在特定的时间内，由特定的工作职能或活动产生的产出记录。Bernardin 和 Beatty 认为绩效尽管受能力、动机和情景的约束，其产生的结果才是最好的评估依据。吉利和梅楚尼奇（2005）认为绩效就是完成任务的结果，与产出、成果或成就同义。表示绩效结果的相关概念有：职责（Accountabilities），关键结果领域（Key Result Areas），结果（Results），责任、任务及事务（Duties，Tasks and Activities），目的（Objectives），目标（Goals or Targets），生产量（Outputs），关键成功因素（Critical Success Factors ）等（仲理峰、时勘，2002）。

（2）绩效是行为。绩效应该与任务完成情况、目标完成情况、结果及产出等同起来的观点在许多心理学的文献中受到了置疑。"绩效是行为"观点提出的依据是许多工作结果并不一定是个体行为所致，可能会受到与工作无关的其他因素的影响（Cardy 和 Dobbins，1994；Murphy 和 Clebeland，1995；Neal 和 Griffin，1999）。过分关注结果会导致忽视重要的过程和人际因素，并会在工作要求上误导员工。Murphy（1989）认为绩效是指与组织或个体所工作的组织目标相关的行为。这个宽泛的定义既包括生产性（Productive）绩效行为，又包括反生产性（Counterproductive）绩效行为——贡献于组织目标或不利于组织目标的行为。Rotundo 和 Sackett（2002）对工作绩效的定义更为清楚，他们认为绩效是"在个体控制下的对组织具有贡献的行动或行为"。

（3）基于素质的绩效定义。彭特·塞德马兰卡（2004）认为，绩效管理最重要的是学习以及创新、共享、接受和应用知识的能力和意愿。学习是通过自我开发的研究或经验来获得知识，保持获取知识的能力、技能、态度和思想，通过经验改变行为来提高个人绩效。与任务绩效、关系绩效不同，学习绩效暗示一个雇员更加关注成长和发展。许多涌现的绩效模型重视一个人将来“可能”做什么。首先，由于对未来的绩效所要求的条件经常是未知的，对将来的计划总会带有一定的不确定性和错误性。这就意味着，持续学习必须拓展到相当大的范围才可能是有效的。在一个组织中，持续学习被强调的程度可能是一个连续体的某一个点，如果持续学习不适应组织目标的完成，将会是一种反生产绩效（Murphy，1997）。

Hesketh 和 Neal（1999）认为，必须采用全新的方式来把持续学习纳入绩效的概念和评价中来。Scott 和 Bruce（1994）建立了个体创新行为的路径模型，他们认为，创新行为是一个过程的集合，开始于问题认知和思维或方案的产生——既可以是新颖的，也可以是被采纳的（Adopted），再集中于个体寻求环境的支持，包括同事、上级——谋求建立一个支持共同体来完成创新并应用于实践。韩翼和廖建桥（2006）在提出的绩效模型中对创新绩效维度的界定是：显示了雇员对组织和个体自身持续发展和成长的贡献，是雇员应该完成的（Ought to do）。学习绩效暗示一个雇员更加关注成长和发展，在一个知识经济的社会中，如果一个雇员不考虑技术进步对自身绩效的影响，不考虑成长和发展，那么他将很难在日益变化的今天立足。

从上述观点可以看出，工作绩效是一个多义的概念，在不同情景下有不同的解释和侧重。从管理实践的历程来看，人们对于绩效的认识是不断发展的：从单纯地强调结果绩效发展到强调行为绩效，从强调绩效是过去历史的反映发展到强调绩效在未来的潜力。

二、工作绩效维度与测量

对工作绩效的模型，国内外学者对此有较多的研究。大体上，有这样一个认识过程：从强调工作产出到强调行为，进而强调素质。最早研究个体工作绩效的是工业心理学家 Sackett，他所关注的主要是员工的任务绩效，[①] 而工作绩效行为结构模型研究的开创者则是 Katz 和 Kahn。在早期的研究工作中，他们提出类似于公民绩效的概念。他们指出，一个运行良好的组织要求有三种类型的行为：①人们必须加入组织并留在组织中；②他们必须可靠地履行具体角色行为和完成工作任务；③主动或自发地进行组织对员工规定之外的活动。[②] 他们认为如果一个组织仅仅依赖于规定的组织行为，将是一个非常脆弱的社会系统，组织规定的角色行为不可能完全考虑组织的效果，因此自发性和创新性的行为是必需的行为。对于工作绩效的范围的拓展始于 Organ，他认为工作绩效应该包括公民行为，并富有创意性地对公民行为进行分类。[③]

Borman 和 Motowidlo 于 1992 年、1993 年两次分别对 419 名、991 名在职空军技师进行测试时发现，工作绩效可以划分为任务绩效和关系绩效，并且第一次提出了关系绩效（Contextual Performance，CP）和任务绩效的概念。在 1992 年的研究中，Borman 和 Motowidlo 运用 16 个项目，5 点量表进行测试。

Bernardin 和 Beatty（1984）根据工作职能定义了工作绩效的 6 个维度：质量、数量、时间、成本—效果（Cost-effectiveness）、上级需求和人际影响。这种定义跨越了单一的工作活动或工作任务的表述，但很明显，6 个维度的互动将影响员工活动的结果或者绩效。即使一个工作活动以很好的质量和数量完成，但如果错过最佳的时间可能对组织没有益处。另外，Bernardin 和 Beatty 基于结果导向的工作绩效模型，已经导入了人际关系的内容，为关系绩效理论提供了足够的证据。

① Sackett P. R. An Examination of the Dimensionality of Non-task Performance [C]. Ann Arbor, Mi, United States: ProQuest Information and Learning Company, 2002: 1-4.

② Katz D.The Motivational Basis of Organizational Behavior [J]. Behavioral Science, 1964, 9 (3): 131-146.Katz D., Kahn R. L.The Social Psychology of Organization [M]. New York: Wiley, 1978: 131-134.

③Organ D. W.Areappraisal and Interpretation of the Satisfaction Causes Performance Hypothesis [J]. Academy of Management Review, 1977, 2 (2): 46-53.

对于行为绩效的观点，Campbell（1990）也做过积极的尝试。他提出了绩效构成的一个因素模型，并且推测可以用细化的工作任务熟练程度，非细化的工作任务熟练程度，书面和口头交流任务的能力，所表现出的努力，维护个人纪律，促进他人和团队业绩，监督管理/领导和管理/行政管理八个总的因素表示。Campbell 认为，这些因素中核心任务的熟练程度、所表现出的努力和个人纪律的遵守情况是每项工作的主要业绩组成部分，而其他因素则随着所适用的工作不同而变化。尽管如此，由于缺乏具体的经验测试，这个模型还只是处于推测阶段（威廉姆斯，2003）。

Janssen 和 Van Yperen 则证实了学习目标定向对于创新绩效的影响，并从创新愿望、创新行动、创新成果和创新成果应用 4 个方面开发了创新绩效问卷，提出个体创新绩效概念和量表，并将创新绩效和标准的传统绩效作为工作绩效的两个维度进行实证检验。

Welbourne 和 Johnson（1998）基于角色和认同理论开发了一个五维工作绩效理论。基于工作要求角色的任务绩效，基于组织角色的组织公民行为，基于团队角色的团队行为，基于职业角色的技能、学习和培训以及基于创新角色的创新绩效。我国学者孙健敏和焦长泉在借鉴 Campbell 等学者提出的行为绩效模型以及 Borman 等学者提出任务绩效和关系绩效模型的基础上，采用半结构化访谈方式对两家企业的 109 名管理人员和一般员工进行访谈，通过聚类分析，提出了管理者工作绩效的三维结构模型：任务绩效、人际绩效和个体特质绩效，这管理者工作绩效的结构模型包含了人际绩效范围，成了国内有关行为实证研究的先例。①

韩翼和廖建桥（2006）通过总结各种绩效理论，建立了一个工作绩效概念模型，并从任务绩效、关系绩效、学习绩效和创新绩效四个

① 孙健敏，焦长泉. 对管理者工作绩效结构的探索性研究［J］. 人类工效学，2002，8（3）：2-10.

构面进行研究。该模型认为，任务绩效反映了雇员直接对组织目标的贡献，是雇员必须完成的（Has to do）；关系绩效反映雇员对组织人际气候（Interpersonal Climate）的贡献，是雇员需要完成的（Need to do）；学习绩效涉及雇员对未来价值的贡献，是雇员愿意完成的（Desire to do）；而创新绩效则显示了雇员对组织和个体自身持续发展和成长的贡献，是雇员应该完成的（Ought to do）（韩翼、廖建桥，2006）。Tusi，Pearce，Tripoli（1997）提出的绩效模型包括任务绩效和组织公民行为（Citizenship Behavior）及信任持续（Dependable Continuation）三个维度，Cronbach α 系数分别为 0.83、0.94 和 0.96，[①] 表明量表有较高的可信度。

本研究根据企业可持续发展能力探讨企业任务、人际、奉献、创新四个方面的绩效。

三、工作绩效影响前因

据现有文献研究，影响工作绩效的因素主要有：研究雇员的工作满意度、组织承诺、离职倾向、组织因素（如企业文化）、外部环境、人格等。

根据 Borman 和 Motowidlo（1993）提出任务绩效和关系绩效模型，如图 3-1 所示。可得知技能、知识、关系等对工作绩效都有直接影响。

四、工作绩效研究述评

现有工作绩效的研究对其内涵、维度与测量及影响前因等问题进行较全面的探讨。结合已有的研究发现，绩效具有多因性、多维性等性质。多因性主要指的是一个员工绩效的优劣不是由单一因素决定的，

① Tusi A. S.，Pearce J. L.，Tripoli A. M. Alternative Approaches to the Employee Organization Relationship：Does Investment In Employees Pay off?［J］. Academy of Management Journal，1997，40（5）：1089-1121.

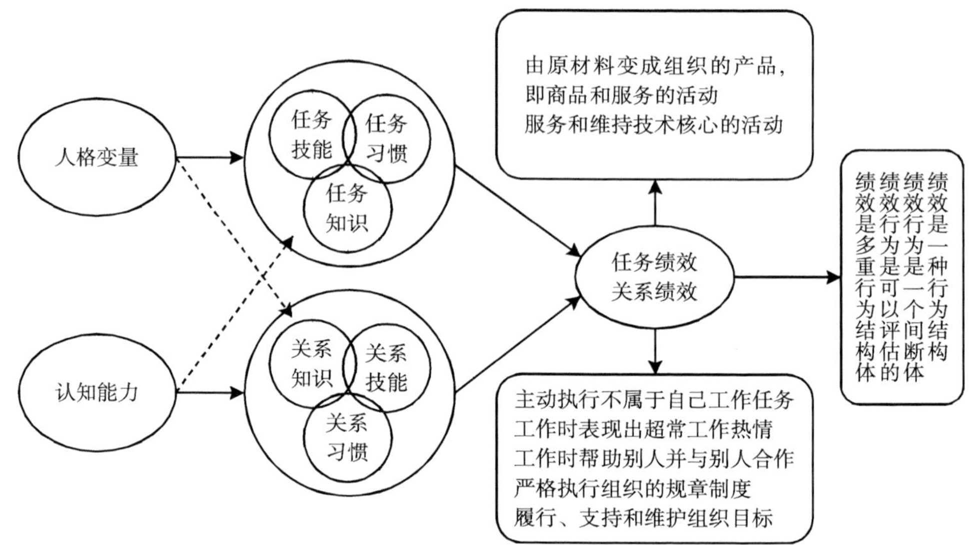

图 3–1　任务绩效和关系绩效模型

资源来源：根据 Borman 和 Motowidlo（1993；1997）模型原理。

而是受制于主客观多种因素；多维性指的是需要从多个维度或方面去分析和评价绩效。在概念的确定方面，绩效应该与任务完成情况、目标完成情况、结果及产出等同起来分析的观点在许多心理学的文献中受到了质疑。我们不能把业绩看作是完成工作或达到目标，是因为许多工作结果并不一定是由于雇员的行为所产生的，也可能是与员工毫无关系的其他的因素在起作用。过分注重结果会忽视重要的程序因素和人际关系因素，强化反生产绩效行为，增加员工的不满意程度，降低员工的组织承诺。

在绩效维度与测量方面，代表性的研究有 Borman 和 Motowidlo（1993），孙健敏、焦长泉（2002），韩翼、廖建桥（2006）等。Borman 和 Motowidlo（1993）将绩效分为任务绩效和关系绩效两类。我国学者韩翼和廖建桥（2006）通过总结各种绩效理论，建立了一个工作绩效概念模型，并从任务绩效、关系绩效、学习绩效和创新绩效四个构面进行研究。现有工作绩效研究的不足之处在于针对不同工作其绩效评价模型研究不够深刻，这影响了评价组织和个体工作绩效的公平与

合理。

众所周知，中国传统社会是一个农耕社会，以家为生产单位，既需要经营和管理的规范，也需要其乐融融的亲情氛围。为满足这方面的要求，家庭规范往往不是制度性的，而是伦理性的。

第四章　理论推演与假设提出

第一节　研究理论基础

嵌入性理论、社会交换理论、角色理论和适域等相关理论构成了本书分析问题的理论出发点和解释问题的基本工具。

（1）嵌入性理论（Embeddedness Theory）。“嵌入性”（Embeddedness）理论是新经济社会学研究中的一个核心理论。其思考的主要问题是社会关系如何影响行为与制度。嵌入性理论认为行为和制度深深受到社会关系的限制（Granovetter，1985）。代表性人物有 Polanyi，Granovetter，Uzzi 等。Polanyi（1944）在《大变革》（The Great Transformation）一书中首次提出“嵌入性”的概念，他认为，“人类经济嵌入并缠结于经济与非经济的制度之中，将非经济的制度包括在内是极其重要的”，“经济作为一个制度过程，是嵌入在经济和非经济制度之中的”。他提出，互惠、再分配和交换这三种经济活动形式在不同制度环境下的嵌入形态不同：在工业革命之前的非市场经济中，市场交换机制尚未占据统治地位，经济生活以互惠或再分配的方式为主，是嵌入在社会和文化结构之中的；而在工业革命之后的市场经济中，经济活动仅由市场价格来决定，人们在这种市场上按照金钱收益最大化的方式行事，此时的经济体制是“去嵌入”（Disembed）的，即不再受社会和文化结构的影响。而是社会关系被嵌入在经济体系中，而不是经济行为被嵌入在社会关系之内。1985年，Granovetter发表《经济行为与社会结构:镶嵌问题》一文，引起人们对此理论的广泛关注。Granovetter重新对“嵌入性”进行了阐述，并把嵌入性研究推向了新的阶段。Granovetter指出“我们研究的组织及其行为受到社会关系的制约，把它们作为独立的个体进行分析是一个严重的误解”。[①] Granovetter（1985）认为，经济活动是在社会网络内的互动过程中做出决定的。Granovetter将Polanyi的双边宏观联系的嵌入性内涵推广到多边联系的嵌入性内涵，Granovetter侧重研究了社会网络对组织自利行为影响。随着嵌入性理论研究的逐步深入，不同学者根据研究主题的需要对嵌入性进行了细化的研究，形成了较为典型并在后续研究中被广泛引用的几种分析框架。据于本书的研究目的，这里只介绍与本研究有着密切关系的理论：关系嵌入性（Relational Embeddedness）、结构嵌入性（Structural Embeddedness）和文化嵌入性（Cultural Embeddedness）。

Zukin和Dimaggio（1990）提出关系嵌入性理论的研究视角集中基于互惠预期而发生的双向关系。关系嵌入性主要用关系的内容、方向、延续性和强度等指标来测度，而Granovetter提出可用4个指标来衡量关系的联系强弱，分别是互动频率、亲密程度、关系持续时间以及相互服务的内容。[②] 关系嵌入性在很多方面影响组织间的合作、资源的交换和组合、共享性知识的开发等，其中行为主体间的紧密程度、信任、合作规范、对未来价值的预期，以及通过资源交换、组合参与知识创造的动机对企业当前的经济绩效和未来合作都有直接影响。结构嵌入性是指网络中各种关系（交易关系和非交易关系）相互交织形成的网

① Granovetter M.Economic Action and Social Structure: The Problem of Embeddedness[J]. American Journal of Sociology, 1985, 91 (3): 481-510.

② Granovetter M.The Strength of Weak Ties[J]. American Journal of Sociology, 1973, 78(6): 1360-1380.

络总体性结构。关系嵌入性对关系成员的态度和行为有影响，结构嵌入性中包含了关系双方行为的更多信息，因而对关系成员行为的影响更大。这与 Williamson 所说的“环境”有点类似，强调通过非正式团体带来的社会控制（威廉姆森，1975）。

文化嵌入性是指行为主体在进行经济活动时受传统价值观、信念、信仰、宗教、区域传统的制约。[①] 由于国家不同，特别是文化不同，组织进行合作选择的倾向也不同。[②] 杨中芳“人在文化中”的观点即是文化嵌入性的体现。从目前的研究来看，文化对个体和组织行为的影响都非常显著。

探讨企业内员工行为时选择嵌入性理论是合适的。以嵌入性理论来解析员工行为，说明了经济行为的产生不只是因为契约本身，也包括契约所嵌入的社会关系决定了契约的有效性，即员工之间的交换行为既是一种经济理性，同时也受到社会文化的较大影响或制约。中国是个关系导向社会，个体存在于关系之中。在现实生活中，他人的社会存在会纳入个体的行为考虑之中，并且这个过程是互动的、双向的。这种相互性对个体选择不同的行动具有极大的影响，从而影响个体行为的结果。中国人的关系取向表明了人们重视人际关系，关系对于人们的社会行为具有压倒性的影响。在这种社会中，个人的意愿、情感和需求会受与其他人的关系的深刻影响。据此，嵌入性理论分析的基本单元转向了关系本身，为本研究提供了坚实的理论基础。

（2）社会交换理论（Social Exchange Theory）。社会交换理论是 20 世纪 60 年代兴起于美国，进而在全球范围内广泛传播的一种社会学理论。该理论认为，人类的一切行为都受到某种或明或暗的，能够带来

① Zukin S., Dimaggio P. St ructures of Capital: The Social Organization of Economy [M]. Cambridge, MA: Cambridge University Press, 1990.

② Hagedoorn J. Understanding the Cross-level Embeddedness of Interfirm Partnership Formation [J]. Academy of Management Review, 2006, 31 (3): 670-680.

奖励和报酬的交换活动的支配。社会交换理论研究标志性学者有社会学家乔治·霍曼斯（George C.Homans）、布劳（Peter M.Blau）等。

霍曼斯关于社会交换的研究主要有以下观点：

①成功命题：对于人们所采取的所有行为，某人的特定行动越是经常受到奖励，则此人越可能采取该行动。

②刺激命题：假如过去某一特定的刺激或刺激集合的出现一起伴随着对某人行为的奖励，那么现在的刺激越是与过去的刺激相似，此人现在越是可能采取该行动或相类似的行动。

③价值命题：某人行动的结果对他越有价值，则他越有可能采取该行动。也就是说，人们总是选择那种价值更大的行动，而放弃或暂时放弃价值较小的行动。

④剥夺—满足命题：某人在近期越是经常得到某一特定报酬，该报酬的任何追加单位对他来说就越没有价值。

⑤攻击—赞同命题：当某人的行动没有得到他所期望的报酬或得到他所料想不到的惩罚，他将被激怒并越有可能采取攻击行为，这一行为的结果对他来说就越有价值。当某人的行动获得期望的报酬，尤其是报酬比预期的大，或者没有受到料想中的惩罚，那么他就会高兴并越有可能采取赞同行为，该行为的结果对他而言就变得越有价值。

布劳的《社会生活中的交换与权力》一书提出，社会交换这种行为在社会整合中发挥着极其重要的作用，同时他还认为，与经济交换相比较，社会交换的两大功能是建立维系友谊的纽带和建立服从关系或统治关系。布劳认为交换通过构建信任、鼓励差别、强迫对群体规则的遵守和发展集体观念来促进社会的整合。

按照社会交换理论来说，人们社会生活的目的就是为了寻找满足自己需要的各种资源或得到自己所需的资源，特别是为了得到社会承认，每个人都愿意付出相应的代价去做交换，这些资源包括：爱（Love）、地位（Status）、消息（Information）、金钱（Money）、货物

(Goods)、服务 (Service)(Foa 和 Foa，1976)。社会交换关系是指义务履行者不是以眼前的既得利益为主要考虑，而是从长期考虑预期对方会给予适当的回报。如果双方都得到了预期的回报，这种交换关系就会强化双方的社会情感纽带，成功的次数越多，关系强度就越大。[①]

基于社会交换理论，员工之间关系是影响其工作结果的重要因素。员工加入组织的目的主要有两个：一是获得经济上的收入；二是获得精神上的满足，这包括员工在社会交往，获得社会承认，归属于某个群体等方面的强烈需要。基于相互影响，员工之间的社会交换会对其任务绩效、人际和谐和人际促进产生影响等。

（3）角色理论 (Role Theory)。角色理论产生于 20 世纪 20~60 年代，是一种试图从人的社会角色属性解释人的社会心理与行为的产生、变化的社会心理学理论取向，被称为社会心理学从个人水平的分析过渡到群体和更高水平的宏观分析的一个桥梁，该理论有社会角色和角色扮演两个主要概念。社会角色指处于一定社会地位的个体，依据社会客观期望，借助自己的主观能力适应社会环境所表现出的行为模式，包含着社会客观期望和个体的主观表演。社会中的人总是处于一定的社会位置上；社会对处于一定社会地位上的人有一定的要求，即社会期望；个体要依照社会对他的要求去履行其义务、行使该角色所承担的社会责任和权利，这就是社会行为；当个体被赋予某一个新角色时，改变的不仅是行为方式，而且态度和价值观结构也会发生深层变化。人们正是从理解社会对角色的期望，按社会对该角色的要求去行动，成为履行角色责任和义务的角色。角色理论代表学者有戈夫曼等人。戈夫曼把人类的行为放在演出的场景中，借用舞台上演员的戏剧场景，把这种戏剧性的演出运用到真实世界里扮演着自己角色的普通男女的日常生活中。

① 蔡升桂，范秀成. 信任研究理论基础比较［J］. 山东社会科学，2005（9）：56-58.

从关系支配性的观点来看，个体的身份认同不是由其本人的特性来界定的，而是由其所在的各种人际关系的相互关联来界定的，通过关系，交往者之间会对彼此的身份进行确定，由此按照这种身份的要求做出合适的行为。个体的身份是一个角色，根据身份理论，人们通过使用内部控制系统来过滤信息。身份越确定，对个体行为的意义就越明显，指导性就会越强（Thoits，1991），即角色是提供人们信息或意图最强有力的表示，同样这样的行为来自于角色，这种角色行为的指导最终导致个体行为与角色的要求一致。身份即是一种角色。在企业中，员工扮演着一定的角色，这些角色同样影响着员工的彼此行为。

（4）场域理论。场域是由社会成员按照特定的逻辑要求共同建设的，是社会个体参与社会活动的主要场所，是集中的符号竞争和个人策略的场所，这种竞争和策略的目的是生产有价值的符号商品，而符号商品的价值依赖于有关的消费者社会对它的归类，符号竞争的胜利意味着一种符号商品被判定为比其竞争对象拥有更多的价值。布迪厄曾这样说过："我将一个场域定义为位置间客观关系的一个网络或一个形构，这些位置是经过客观限定的。"布迪厄的场域概念不能理解为被一定边界物包围的领地，也不等同于一般的领域，而是在其中有内含力量的、有生气的、有潜力的存在。布迪厄研究了许多场域，如美学场域、法律场域、宗教场域、政治场域、文化场域、教育场域，每个场域都以一个市场为纽带，将场域中象征性商品的生产者和消费者联结起来，例如，艺术这个场域包括画家、艺术品购买商、批评家、博物馆的管理者等。场域理论即表明不同的场合对行为的影响，要求行动者按照特定的场合进行某种行为。

（5）社会网理论。社会网理论在做经济行为分析上的大型理论概念包括以下几项：一是经济行为是嵌入社会网中，所以人际关系会影响经济行动；二是经济行为有其理性的一面，所以人际关系有其实用的、可被计算获得成本的一面，但人在经济决策中也有非理性的一面，

人际关系所带来的信任与情感因素也会左右个人的经济行动；三是信息是不完整的，而且信息的传播正是受到社会关系与社会网结构影响的；四是个人效用不是孤立的，个人会随时受到有关系的他人影响而改变效用函数，个人社会结构位置会影响其资源、信息的获得，也会影响其所受到的社会制约，进而影响其经济行动。

在此架构中，社会关系、关系内涵、关系强度、社会网结构、个人结构位置等因素会对信任、情感支持、资源取得、信息传播、人际影响等诸多中介变量产生影响，进而这些中介变量又会影响经济行为。

（6）五个理论的相互关系。嵌入性理论、社会交换理论、角色理论、场域理论和社会网理论虽然在各自的内容上有质的区别，但是这五种理论都是对社会心理和人的行为的解释，它们之间存在一定的联系，并且融合这五种理论的解释力更强。现有文献表明，这五种理论都已经在相关管理研究中被广泛引用作为理论分析的基础。如 MOR（Management and Organization Review）学术期刊于 2009 年出版了研究社会交换专辑。Christina L. Stamper，Suzanne S. Masterson，Joshua Knapp（2009）基于社会交换理论的视角探讨了组织成员关系的类型，发展了基于权力和责任的员工关系模型。史江涛（2007）基于社会交换、符号互动理论探讨了员工关系、沟通对其知识共享与知识整合作用的机制。黄光国（1987）依据嵌入性理论、角色理论、社会交换等相关理论，构建“人情与面子”理论模型，这一模型解释了中国人资源分配的决策过程，并体现了文化的普遍性和特殊性。杨中芳（1993a）根据“个人在文化中”观点，探讨了中国人在人际交往中的人情与关系。彭泗清（2000）根据嵌入性理论、社会交换理论探讨了关系与信任的联系。Lee 和 Dawes（2005）运用社会交换和角色理论来探讨供应商与销售商的人际关系对他们之间信任的影响。

Lynn M. Shore，Jacqueline A-M. Coyle-Shapiro，Xiao-Ping Chen，Lois E.Tetrick（2009）认为社会交换理论对理解组织中员工交换关系

具有坚实的基础。在上述的研究中，可以发现，社会交换理论、角色理论和嵌入性理论和场域理论有助于分析我国文化背景下企业员工的行为，如义务性、情感性行为对信任、对资源分配的联系，对绩效的影响。因此，本书认为，将四种理论结合起来可以更好地理解不同关系下的员工信任与工作绩效的联系。

本书以嵌入性理论、角色理论、社会交换理论、场域理论和社会网理论为研究基础，试图融合五种理论，共同解释组织信任的内涵、影响因素及其对个体工作绩效的影响等。通过对五种理论的梳理，发现虽然五种理论关注问题各有不同，但并非互不相容，而是相互补充，可以一起发挥作用。并且理论间联系的厘清以及理论的有机结合不但有助于解释关系治理这种现象，同时也是对五种理论本身的丰富与发展。

第二节　基本概念的界定及其测量

概念的清晰界定是科学研究的前提，在研究开展之前，有必要先对相关基本概念进行界定。员工信任的对象（Referent）涉及组织的方方面面（Dirks，Ferrin，2001），包括对高层管理团队的信任（Trust in Top Team）、对上级领导（顶头上司）的信任（Trust in Supervisor），鉴于本文研究重点，一是同级之间的人际信任，二是对高管（特指总经理或董事长）的信任，在本书中即为制度信任。本书选择样本主要是考虑中国组织的事实，笔者在企业做过职业经理人，也做过顾问，在综观许多组织的实际情况，“一把手”是绝对真理，“二把手”是相对真理，“三把手”是没有真理，故在问卷调研中强调即总经理或董事长不纳入本书调研取样。本研究主要探讨变量包括“制度信任”、“人际信

任”和“工作绩效”三个主概念。其中，人际信任包括“能力信任”、“品德信任”和“关系信任”。“工作绩效”包括“工作奉献”、“任务绩效”、“人际促进”和“创新绩效”四个子域。

一、制度信任、人际信任定义及其测量

有不少学者讨论了中国文化背景中信任的维度，杨中芳、彭泗清（1999）认为，中国人的人际信任更多依赖于情感因素。李伟民、梁玉成（2002）认为，韦伯关于中国人信任的论述隐含的理论假设是中国人信任的两个维度：一种是以家庭关系为基础的特殊信任，另一种是以共同信仰和价值观为基础的普遍信任。梁克（2002）认为，中国人的信任与信用、忠诚密切相关，带有权利色彩。本书结合现有研究，借鉴徐碧祥（2008）的研究，认为组织内信任可分为制度信任和人际信任。借鉴郑伯埙（1999）、Davis 和 Schoorman（1995）、徐碧祥（2007）等的研究，将组织人际信任归结为能力信任、品德信任和关系信任。

1. 制度信任

制度信任是个单维度概念（Ashford，Lee 和 Bobko，1989；Aryee，Budhwar 和 Chen，2002）。白云涛、王亚刚、席酉民（2008）认为企业员工对高层的信任是种组织化的信任。席酉民等（2006）在和谐管理理论中认为，高层领导为实现企业的战略主题（HEXIE Theme），可利用“优化设计”的控制机制及“能动致变”的演化机制，包括制定规章制度、构建组织文化、营造组织氛围等，来间接影响（相对于直接接触和交流）员工的行为方式和路径。同时，员工根据高层设计的战略决策、组织结构以及文化等非人格化（Depersonalized）因素来判断高层领导对其工作的支持程度（Perceived Organizational Support，POS），[①]

① Wayne S. J.，Shore L. M.，Liden R. C. Perceived Organizational Support and Leader-member Exchange: A Social Exchange Perspective [J]. Academy of Management Journal，1997，40（1）：82-111.

进而形成员工对高层领导的信任。可以看出，在员工心目中，高层领导是组织中制度化（Institutional）的一部分。

本书借鉴徐碧祥（2007）运用的量表，其量表借鉴 Aryee，Budhwar 和 Chen（2002）的做法，将 Robinson（1996）用于测量主管信任的测量条款加以修改，即将被信任对象由主管改为企业，将信任对象改为中高层领导和一般员工。得到组织信任的测量条款为 Q1-1，Q1-2，Q1-3，Q1-4，Q1-5 和 Q1-6。考虑到员工相信组织关心自己是员工信任组织的重要组成部分，笔者将 Ashford，Lee 和 Bobko（1989）的组织信任量表中“我相信我的企业会关心我的福利”这一测量条款纳入初始测量量表，得到测量条款 Q1-8。此外，通过员工访谈和专家访谈，笔者发现，员工相信组织会给自己提供工作上的支持是员工信任组织的重要构成要素，因此增加了测量条款 Q1-7“我相信我的企业能为我的工作提供帮助和支持”，最终形成了制度信任的初始测量量表，如表 4-1 所示。

表 4-1　组织信任的初始测量量表

维度	测量条款	条款来源
制度信任	Q1-1：我相信我的组织能恪守道德规范（a）	(a) Robinson（1996） (b) Ashford，Lee 和 Bobko（1989） (c) 徐碧祥（2007）
	Q1-2：我相信我的组织会以一致的、可预测的方式对待我（a）	
	Q1-3：我觉得我的组织并不总是诚实的（a）	
	Q1-4：通常，我相信我的组织的动机和意图是好的（a）	
	Q1-5：我并不认为我的组织（高管）能公平地对待我（a）	
	Q1-6：我认为我的组织是开放的（a）	
	Q1-7：我相信我的组织能为我的工作提供帮助和支持（c）	
	Q1-8：我相信我的组织会关系我的福利（b）	

2. 人际信任的内涵

Zaheer 等（1998）认为组织信任的基础是组织中的个体，而不是组织本身。[①] 即对同事之间人际信任及员工对制度的信任研究可以较好

① Zaheer A.，B. McEvily，V. Perrone. Does Trust Matter? Exploring the Effects of Interorganizational and Interpersonal Trust on Performance [J]. Organ. Sci，1998，9（2）：141-159.

地探讨信任的效用。在本研究中，人际信任是指同事人际交往中对同事的一种预期及信念。现在文献表明：人际信任存在多维度（Ganesan，1994；Das 和 Teng，2001；Mayer，Davis 和 Schoorman，1995）。Graham Diez，Deanne N.，Den Hartog（2006）通过对信任测量的综述，提出“正直”、“能力”、“仁慈”“可预测性”是信任中最主要的维度。并对“正直”、“能力”、“仁慈”和“可预测性”进行界定。“仁慈”反映出良好的动机和个人对其他团体的友好程度，是对他人福利的真切关心；能力是指其他团体或个人根据技术和知识执行其义务的能力（即技术和知识能力）；正直是指坚持被其他团体所接受的原则，强调诚实和公平，不虚伪，它的预测性与某种行为的一贯性、规则相关。Mayer 等（1995），Ross 和 LaCroix（1996）认为这四种成分很可能是互相独立的，并且这四种成分结合在一起对环境和信托人来说都是最佳的（Graham Diez，Deanne N.，Den Hartog，2006）。Lewicki 等（1998）也认为信任对这样一些团体，假如他们希望能够容纳调节矛盾、错误，组合一个统一体，假如他们想判断其他人的信任质量，或是明白对其他人的信任所具有的益处，这四种成分是足够的。Graham Cummings 和 Bromiley（1996）的信任测量中“正直”成分占 58%，Clark，Payne（1997）的测量中也强调正直这一维度，Robinson 开发的量表中正直成分为 50%，Clark 和 Payne 的测量中，正直成分为 34%。[①] 在 Tyler（2003），Tzafrir 和 Dolan（2004）的量表中，仁慈是信任的最主要成分，所占成分分别为 57%和 44%。Spreitzer 和 Mishra 量表中“仁慈”所占的成分为 28%，McAllister 信仰量表中“仁慈”成分为 27%。综合上述研究，国外人际信任的“正直”、“能力”、“仁慈”和“可预测性”这四种维度是大体上被接受的。

---

① Robinson S.L. Trust and Breach of the Psychological Contract[J]. Administrative Science Quarterly，1996 (41)：574-599.

信任不只是个体的心理和行为，更是一种与社会文化环境密切相关的社会现象，对信任的理解与研究应该考虑社会文化和环境的影响，同时信任也是一种历史现象。随着社会的发展，信任的构成亦会发生变化。信任行为的这些特点决定了对它的探讨适宜于采用本土研究定向，即在中国特定的“历史/社会/文化”框架下来进行研究（彭泗清，1998）。国外的研究只能供本土研究借鉴和参考。

在有关中国人的人际信任的文献中，陈介玄、高承恕（1991）认为，中国台湾企业中员工之间的信任是一种由人际关系中衍生出来的“人际信任”，亦即是一种基于与特定个人的亲近、熟悉程度所衍生出来的信任。它是基于个人关系连带后天成就而形成，既有传统“人情”的感性特质，又有基于后天成就上的理性计算。也就是说，这种信任是人情付出与理性算计的结合。陈介玄、高承恕（1991）认为影响信任程度主要有两个因素：一是先天的连带关系，也就是一般意义上的“关系基础”；二是后天的成就，也就是指个人的后天的实际表现。郑伯埙（1991）针对企业上下级之间的信任，指出企业上司对下属的信任，主要由三个因素决定：①关系，即“关系基础”；②忠诚度；③才能。陈介玄、高承恕（1991）和郑伯埙（1991）都提到了关系会影响信任，另外陈介玄、高承恕所提到的后天表现包括郑伯埙所提及的忠诚度和才能。彭泗清（Peng，1998）在北京做了一个有关人际信任的初步访谈，结果表明：一般人将人际信任区分为对他人能力的信任和对他人人品的信任两个方面。徐碧祥（2007）认为人际信任包括能力信任、品德信任和关系信任。徐碧祥的研究与彭泗清的研究有着相同之处，认为人际信任的构成有能力和品德两个维度。考虑社会环境的特点，加之考虑企业的本质属性，就组织而言，无论古今中外文化的差异如何，组织能够达成目标，员工能够完成工作任务，的确是组织和员工能够存在的重要条件（郑伯埙，1999）。由此可见，能力信任在企业中的重要性。

我国的传统文化非常强调个体的品德特性。儒家思想作为我国文化的主流，把仁义道德作为人的最重要的特征和需要（林滨、李萍，2005）。儒家传统认为，人的道德特质是本性，生而有之，凡事只要按诚心相待就能发挥道德本性，因此儒家主张从自己做起，以诚待人，最终将获得他人的信任（彭泗清、杨中芳，1999）。道家思想也反映出德对于信的重要性，老子提出“信者，吾信之；不信者，吾亦信之，德信”（《老子》第四十九章）。中国是个关系取向的社会，关系信任是我国社会中的一种普遍现象，是人际信任中一个重要的内容。

借鉴已有人际信任维度研究的成果，将人际信任分为能力信任、品德信任和关系信任三个子域。并把人际信任界定为：指同事之间的信任关系，即信任者对被信任者的品德、能力和关系的信任。人际信任的三个子域的定义分别界定为：能力信任是指信任者相信被信任者具有。能够说到做到的能力（Butler，1991；Mayer，Davis 和 Schoorman，1995），即信任者对被信任者技术和知识执行其义务的能力（即技术和知识能力）的信任。品德信任是指信任者对被信任者的工作道德、工作价值观的信赖。关系信任是基于信任者和被信任者之间的特殊关系建立的信任，是一种私交的信任。

（1）能力信任。认为能力是信任最本质的要素 CooK，Wall（1980）；Good（1988）；Butler（1991）；Butler 和 Cantrell（1984）；Lieberman（1981）；Rosen 和 Jerdee（1977）。郑伯埙（1999）对过去有关影响信任的要素进行整理，发现约有 50%的研究均表明能力是影响信任的重要变项。基于能力在信任形成中的重要地位，大量的学者（Das 和 Teng，2001；Mayer，Davis 和 Schoorman，1995）都将能力信任视为信任的一个维度，虽然有些学者的维度划分不以能力维度命名，如 Cook 和 Wall（1980）区分信任为信念和信心两个维度，但他的信心维度主要是指对他人能力的信心。

能力信任是指信任者相信被信任者能够说到做到（Butler，1991；

Mayer，Davis 和 Schoorman，1995），主要基于对被信任者专长和能力的评价（Paul 和 McDaniel，2004）。我国传统文化相当强调个体技能的重要性，强调人要有“一技之长”，认为“纵有良田万顷，不如一技在身”、“一招吃遍天下”等。我国的古代的科举制度主要就是通过对个体能力的评价来选才的，个体的才能体现在文才和武略两方面，文才方面往往由个体所掌握的知识来衡量，“博古通今”、“上知天文，下知地理”者往往被任命为治理国家的官员；武略的方面体现在武艺和气力上，如“万夫不当之勇”、“一夫当关，万夫莫开”者往往被任命为军队的重将。而且，曹操在《论吏行能令》中提出“有事赏功能”，即在多事之秋应当赏识能建功立业之人（胡祖光，1994），也表明了古人对能力的重视。

就组织而言，无论古今中外文化的差异，组织如能达成目标，员工就能够完成工作任务，的确是组织和员工能够存在的重要条件（郑伯埙，1999）。在传统的计划经济时代，我国企业十分注重资历，但仍然掩盖不了能力对组织的重要性，如在传统的企业领导体制下，人们更是对“能人治厂”、“精英治厂”寄予厚望。随着现代企业制度的建立，我国的企业正逐步从重资历转向重能力和重学历，能力在人际信任的形成过程中的重要性将进一步增强。

基于上述分析，将能力信任作为我国文化背景下的组织内部人际信任的一个维度具有其科学性与合理性。

（2）品德信任。被信任者的品德对信任的形成也极为重要，如 Mayer，Davis 和 Schoorman（1995）认为正直是信任度的维度之一；Lucy（2003；转引自张贯一、达庆利和刘向前，2005）则将信任划分为道德或利他信任（Moralistic Oraltruistic Trust）和战略信任（Strategic Trust）；Sarker，Valacich 和 Sarker（2003）将信任划分为人格型信任（Personality-based）、制度型信任和认知型信任；杨中芳、彭泗清（1995）将中国人的信任区分为人品信任和能力信任两个维度，并认为人品信任的关键在于相信对方有诚心，会主动照顾自己的利益，不会利用自己的“弱点”；王雪飞、山岸俊男（1999）进一步认为，在日常生活中，能力信任对于一次性和冒险小的事情很重要，人品信任的重要性不太突出，而对于长期合作、冒险大的事情，人品信任则显得极为重要；Barber（1983；转引自王雪飞、山岸俊男，1999）甚至将信任等同于对品德的信任，其对信任的定义为对他人的善良或健康的人格品质所抱有的信念。焦武萍（2006）在对信任进行归类总结的基础上指出，人品信任是指对对方人格的认同，包括个人的声誉、忠诚度、诚信度、是否具有伤害性或攻击倾向等。

基于道德基础论，信任可以划分为“策略性信任”（Strategic Trust）和“道德性信任”（Moralistic Trust），道德基础论反映的是一种乐观的人生态度，其本质在于相信他人在基本价值观上与自己没有什么差别，即如果自己是“己所不欲，勿施于人”，则相信别人也能恪守这个信条，因此没有理由不信任别人（王绍光、刘欣，2002 ）。我国的传统文化非常强调个体的品德特性。吴根友（2003）对老子的德信思想进行了诠释，指出无论是传统的礼制还是今日的法治社会，内在的道德、真诚都是人际信任确立的根本。

对品德的重视还反映在我国历来都以“德才兼备”作为选人任人的标准上，该标准表明对德的重视程度更胜于才。如“毋以日月为功，实试贤能为上”（《资治通鉴·汉纪九》）表明选拔人才时，不应以其资历作为功劳，而应以其在实践中显示出的德行与能力作为主要标准；曹操在《论吏行能令》中提出“治平尚德行”，即在社会安定时期要崇尚德行，重用有德之人（胡祖光，1994）。郑也夫（2001）认为父母有血缘的凝聚力，君主有霸权的威慑力，朋友的关系中才最包含风险，这之中的道德才堪称“信”。显然，上述的德更多体现的是公德，是儒家思想仁与义的体现，而杨中芳、彭泗清（1995）所指的人品信任主要是通过私德来反映，更多的是关系的属性，更类似于下述的关系信任。由于受传统文化对道德品质重视的影响，我国企业员工更容易信任那些具有良好品质和较强道德感召力的员工（晏贵年、管新潮，1997）。基于上述分析，将品德信任作为我国文化背景下的组织内部人际信任的一个维度具有其科学性与合理性。

（3）关系（Guanxi）信任。Paul 和 McDanie（2004 ）认为信任除了包括计算型信任和能力信任外，还包括关系信任（Relational Trust）这一维度，不过他将关系信任等同于 Mayer，Davis 和 Schoorman（1995）的仁爱（Benevolence）信任、McAllister（1995）的情感信任、Lewicki 和 Bunker（1995）的认同信任及 Das 和 Teng（2001）的善意（Godwill）信任等，即关系型信任为某人感知的对他人私人情感依附的，及他人会不顾利己主义动机而做对自己有益的事情的程度。

3. 人际信任初始测量条款

品德信任初始测量条款。Jarvenpaa，Knoll 和 Leidner（1998）基于 Mayer，Davis 和 Schoorman（1995）的信任维度划分所开发的信任量表，其中正直维度包括 5 个条款，内部一致性系数为 0.92，表明量表具有很高的内部一致性信度，而且各测量条款的因子负载均大于 0.7，表明量表是可接受的；善意维度包括 4 个条款，内部一致性系数为 0.85，表明量表具有较高的内部一致性信度，且各测量条款的因子负载均大于 0.7，表明量表是可接受的。Farrell，Flood 和 Curtain 等（2005）测量高管团队信任，其中善意信任包括 6 个条款，内部一致性系数为 0.82，表明量表具有较高的内部一致性信度。Roger C.Mayer，James H. Davis（1995）测量仁慈共有 5 个条款，内部一致性系数为 0.87。测量正直共有 6 个条款，内部一致性系数为 0.82。

中国人品德包含着正直、善意两方面，这其中主要体现为工作道德、工作价值观等内容。本书借鉴 Jarvenpaa，Knoll 和 Leidner（1998）的正直测量条款，根据本书的研究目的进行调整，得到同事品德信任初始测量条款，见表 4-2。

表 4-2 品德信任初始测量条款

维度	测量条款	条款来源
品德信任	Q2-1：我认为大多数的同事具有可靠的工作道德	Jarvenpaa，Knoll 和 Leidner，1998
	Q2-2：我相信大多数的同事会努力做到公平对待每个人	
	Q2-3：我相信大多数的同事会对工作认真负责	
	Q2-4：我认为大部分的同事在工作中有过言行不一致	
	Q2-5：我认可大多数同事的工作价值观	

能力信任初始测量条款。“能力”这一维度具有突出的影响（Diez，Deanne N.，Den Hartog，2006）。能力是信任概念化中的重要维度（Mayer 等，1995），是个人是否具有可信度不可或缺的条件（Mayer，Davis，Schoorman，1995）。Farrell，Flood 和 Curtain 等（2005）测量高管团队能力信任维度包括 4 个条款，第一阶段内部一致性系数为 0.81。Roger C.Mayer，James H. Davis（1999）测量高管能力信任的量表，测量条款包括“我的高管具有履行其工作的能力”、“高管具备其所从事工作的知识”等 6 个条款。在第二阶段 Alphas 系数是 0.85，第三阶段是 0.88，表明这一量表具有良好的信度。Jarvenpaa，Knoll 和 Leidner（1998）基于 Mayer，Davis 和 Schoorman（1995）的信任维度划分所开发的信任量表，包括能力、正直和善意三个维度，其中能力维度包括 6 个条款，内部一致性系数为 0.90，表明量表具有很高的内部一致性信度，而且各测量条款的因子负载均大于 0.70，表明量表是可接受的。

根据本书的研究目的，本书采用 Schoorman，Mayer，Davis（1995）开发的测量能力维度 6 个条款，得出同事间的能力信任初始测量条款，见表 4-3。

关系信任初始测量条款。关系信任是中国文化特殊的产物，对其的测量，徐碧祥（2007）借鉴 Lee 和 Dawes（2005）的关系量表中的面子维度，Wong，Ngo 和 Wong（2003）的部分条款，结合其访谈，得出关系信任量表，共有 5 个条款，每个条款的 Cronbach α 大于 0.80，表明量表具有较高的信度。考虑本书关系信任的定义，主要是经济和私密方面的信任，采用彭泗清（1998）关系信任条款作为本书关系信任的初始测量条款，见表 4–4。

表 4–3 能力信任初始测量条款

维度	测量条款	条款来源
能力信任	Q3–1：我相信我的大多数同事具备完成工作所需的知识	Mayer，Davis 和 Schoorman，1995
	Q3–2：我认为我的大多数同事所承担的工作是成功的	
	Q3–3：我对大多数同事的工作技能有信心	
	Q3–4：我认为大多数同事能够胜任他们各自的工作	
	Q3–5：我相信大部分的同事能够完成他们的工作	
	Q3–6：我相信大多数同事有提高本部门绩效的能力	

表 4–4 关系信任初始测量条款

维度	测量条款	条款来源
关系信任	Q4–1：我可以借一大笔钱给同事，且不立字据	彭泗清，1998
	Q4–2：我把自己的隐私告诉同事	
	Q4–3：我能把重要的事情托付给我的同事	
	Q4–4：我能请同事帮我保管财物	
	Q4–5：我能与大多数同事长期合作做某件事情	
	Q4–6：我能将对我与同事都认识的熟人的不满告诉同事	
	Q4–7：我能将对上司的不满告诉同事	
	Q4–8：我可把房门锁钥匙给我的同事	

二、工作绩效定义及其维度

工作绩效是组织考虑的主要问题。Borman 和 Motowidlo（1993）在情境绩效影响任务绩效的条件下，提出了关系绩效（Contextual Performance）（有的学者将其翻译为情境绩效）与任务绩效（Task Performance）的二维绩效模型。任务绩效是角色内的，有助于组织技术核心力的提升（Borman 和 Motowidlo，1993；Campbell，McCloy，Oppler 和 Sager，1993）。关系绩效是指支持组织、提供核心技术运作的心理和社会环境（Borman 和 Motowidlo，1993；Motowidlo 和 Van Scotter，1994；Van Scotter 和 Motowidlo，1996）。它们之间的区别在于侧重点

不同，前者在任务，而后者在人际关系[①]（这里指人际关系的好坏）（Vav Scotter 和 Motowidlo，1996）。周边绩效包括组织公民行为的成分（Organ，1988），亲社会行为（Brief 和 Motowidlo，1986）和组织自发行为（George 和 Brief，1992），但是任务绩效没有包括这些。Motowidlo 和 Van Scotter（1996）将关系绩效划分为人际促进（Interpersonal Facilitation）和工作奉献（Job Dedication）两个子域。任务绩效和关系绩效是两个独立贡献于总体绩效的成分，两者之间也存在一定的交互作用。

关系绩效与任务绩效的二维绩效模型提出后，关系绩效在绩效评估研究中得到了越来越多的关注，甚至超过了对任务绩效的研究。[②] 并且任务绩效—周边绩效模型是目前研究普遍采用的模型。[③] 根据 Campbell（1990）等人的观点，工作绩效是指个体能够控制的，对组织目标的实现有贡献的那些表现与行为。很显然，那些属于工作的组合部分，并对组织的技术层面（Technique Core）有贡献的活动，即任务绩效无疑是工作绩效的一部分。在对中国组织工作绩效指标的确定中，考虑到中国文化特征、中国人的特殊性和组织的特性，中国人在价值观有强调人际和谐的取向，在绩效评估中，这种人际和谐取向则表现为注重维持人与人之间的关心、帮助，以求达到和谐相处的状态，并且也有研究表明人际和谐是组织绩效的指标之一（王重鸣、陶祁，1999）。在企业经营管理中，组织目标的实现是个人目标实现的基础，而组织绩效是以个体工作绩效为基础的，为此，考虑个体完成本职任务是绩效衡量不可缺少的指标。另外，中国"家"管理的理念的体现一个重要指标就是员工工作主人翁意识，表现员工工作的奉献精神。在市场

① James R., Scotter V., Motowidlo S. J. Interpersonal Facilitation and Job Dedication as Separate Facets of Contextual Performance [J]. Journal of Applied Psychology, 1996, 81 (5): 525-531.

② Arvey R.D., Murphy K.R. Performance Evaluation in Work Setting [J]. Annual Review of Psychology, 1998 (49): 141-168.

③ 陈学军，王重鸣. 绩效模型的最新研究进展 [J]. 心理科学，2001，24 (6)：737-738.

经济和经济全球化下，企业生存发展基础是其持续创新能力，据此，本书借鉴 Motowidlo 和 Van Scotter（1996）的研究成果，同时考虑企业的实际需求，将工作绩效划分为 4 个维度：任务绩效、人际促进、工作奉献和工作创新。任务绩效是指对组织目标的实现有贡献的表现与行为，是角色内行为；人际促进指支持员工士气，关心他人、鼓励员工合作、建立和改善关系等社会因素；工作奉献更多的是反映自律行为，如工作努力、主动、遵守规章制度等。任务绩效、人际促进、工作奉献测量量表借鉴 Motowidlo 和 Van Scotter（1996）的研究成果，工作创新测量量表来自 Pamela Tierney，Steven M. Farmer，George B. Graen（1999），[①] 有 4 个测量条款。

表 4-5 工作绩效初始测量条款

维度	测量条款	条款来源
工作奉献	Q5-1：我主动承担富有挑战性的工作	Motowidlo 和 Van Scotter，1996
	Q5-2：我主动解决工作中存在的问题	
	Q5-3：我坚持克服困难以便完成任务	
	Q5-4：我加班工作以便准时完成任务	
任务绩效	Q6-1：我严格遵守单位规章制度	
	Q6-2：我按质量标准完成工作	
	Q6-3：我在规定的时间内完成工作任务	
	Q6-4：我按上级要求完成工作任务	
	Q6-5：我的工作达到预期标准	
人际促进	Q7-1：我与同事之间的关系融洽	
	Q7-2：我主动给其他同事提供帮助	
	Q7-3：我在工作上与其他同事合作	
	Q7-4：我公平地对待同事	
	Q7-5：我对同事关心体贴	
工作创新	Q8-1：我能在工作中率先尝试新观念或新方法	Pamela Tierney，Steven M. Farmer，George B. Graen（1999）
	Q8-2：我经常会寻找新方法或新思路来解决工作当中的问题	
	Q8-3：我能就自己熟悉的领域提出突破性的观点	
	Q8-4：我是创造性的楷模	

① An Examination of Leadership and Employee Creativity：The Relevance of Traits and Relationships [J]. Personnel Psychology，1999（52）：591-620.

第三节 研究假设与研究模型

一、人际信任对工作绩效的影响

企业在分配组织报酬时，按照绩效和贡献已经是一个主要原则（Chen，1995；Chen 等，1997；Child，1994；He 等，2004）。在中国古代就已经运用基于业绩管理（Weber，1968）。如儒家学说，尽管是特殊主义文化的载体，但绝不意味着儒家学说赞同基于血缘关系的官员继承，它依然是提倡基于个人的正直和功劳进行官员推选（Wang，1999）。现代企业的经营中，在人员的选择、晋升和报酬等方面都重视业绩的影响，这是不争的事实。这说明企业对员工的招聘、提拔及分配报酬时，更大程度上是根据员工的能力大小，而不仅仅是考虑彼此之间的关系。中国是一个具有集体主义倾向的社会，在这个社会中，推崇的是集体价值观而不是个人价值观，在这种文化的影响下，注重人与人之间和谐相处。

根据以上分析，提出以下假设：

H1：人际信任对工作绩效有正向影响。

在此基础上，本研究探讨人际信任和工作绩效的子域之间的联系。

品德信任是基于同事之间的工作道德、价值观等的信任。在中国，品德高尚意味着某人做事光明磊落，不占他人或组织便宜、对人大度、友善，对己严格要求。中国组织中共事，强调做人与做事相结合，而“做人”强调做符合社会身份、符合社会道德的人。一般而言，同事之间的品德信任高，表明其敬业精神高，可以消除彼此之间合作、沟通的障碍，员工工作主动性、积极性会越高，在同一组织中，同事的无私奉献行为，会得到组织中成员的认可与尊重，并具有“传染性”，并且同事感知对方的品德信任越高，会促发人际融洽行为。

据此，提出以下假设：

H1-1：员工感知自己与同事之间品德信任越高，其工作奉献意识越强；

H1-2：员工感知自己与同事之间品德信任越高，其任务绩效越高；

H1-3：员工感知自己与同事之间品德信任越高，其会产生更多的人际促进行为。

Nahapiet 和 Ghoshal （1998） 指出，信任让个人能够取得并交换智慧资本，特别是面对模糊与不确定的情境时，知识的交换更仰赖信任的存在。Liao 等 （2004） 认为管理者应用心地经营员工关系，因为当员工与组织关系良好时，会主动地与同事分享自己的经验与技术；当双方关系不良时，员工会降低分享的意愿，或只愿在特殊的形式下分享。因此，在知识分享的过程中，信任是一个关键的因素，并成为智慧资本要素中的重要角色。

从信任与不确定性的关系来看，经济学家认为信任的存在可以有效地降低控制机制所带来的高昂的交易成本，尤其对于日益增多的知识型员工不易监控的特点，信任作为促进员工知识共享、创新等行为的手段显得格外重要。[①] 由此，提出假设：

H1-4：员工感知同事人际信任会与知识创新正相关。

信任反映了组织成员的一种长远的看法，当组织成员确信自己对人际关系的贡献会在将来获得回报时，他们就会实施公民行为。[②] 并且信任是协作和利他行为的前因变量 （Konovsky 和 Pugh， 1994； McAl-

① Li P. P. Guanxi as the Chinese Norm for Personalized Social Capital： Toward an Integrated Duality Framework of Informal Exchange ［M］// H. W. Yeung， et al. Handbook of Research on Asian Business， 2006.

② Konovsky M.A.， Pugh S.D. Citizenship Behavior and Social Exchange［J］. Academy of Management Journal， 1994 （37）： 656-669.

lister，1995；Podsakoff 等，2000）。McAllister（1995）发现，基于情感的信任与接纳他人的公民行为正相关，这与信任和 ICB（个体组织公民行为）的相关关系比较相似。Costigan，Itler 和 Berman（1998）从认知信任与情感信任两个维度出发，发现同事信任、主管信任与员工的风险承担、动机和果断性等工作行为具有较强的相关性。按照马斯洛需求理论，个体都有自我尊重的需要，个体在准家的组织中，其得到能力信任越高，意味着同事之间相互能力的认可，可能会促使其更有信心去做好自己的工作，工作的主动性、积极性会更高，会促进人际之间的和谐。根据以上分析，提出假设：

H1-5：员工感知自己与同事之间的能力信任越高，其工作奉献意识越强；

H1-6：员工感知自己与同事之间的能力信任越高，其任务绩效越好；

H1-7：员工感知自己与同事之间的能力信任越高，其越会产生人际促进行为；

H1-8：员工感知自己同事的能力越强，其工作创新绩效越强。

关系信任是基于信任者和被信任者之间的特殊关系建立的信任，是种私交的信任，同事之间的关系信任有助于强化彼此工作的支持，从而促进组织公民行为，促进人际之间的和谐，同事之间的私交关系很好，工作氛围好，亦有利于完成本职工作。根据以上分析，提出假设：

H1-9：员工感知自己与同事之间的关系信任越好，其工作奉献意识越强；

H1-10：员工感知自己与同事之间的关系信任越好，其任务绩效越高；

H1-11：员工感知自己与同事之间的关系信任越好，其创新绩效越高。

二、制度信任对工作绩效的影响

组织信任是指员工对组织高层、制度的信任。制度信任已被广泛引证为经济交换中重要成分（Akbar Zaheer，Bill McEvily，Vincenzo Perrone，1998），从组织行为的角度来讲，制度信任是企业文化中的重要组成部分，是一种非常重要的社会资本，它会对组织中人的行为和整个组织产生巨大的影响。组织信任是领导者提高组织有效性的一个最直接、最经济、最有效的途径（Gibb，1978）。席酉民等（2006）在和谐管理理论中认为，高层领导为实现企业的战略主题（Hexie Theme），可利用优化设计的控制机制及能动致变的演化机制，包括制定规章制度、构建组织文化、营造组织氛围等，来间接影响（相对于直接接触和交流）员工的行为方式和路径。同时，员工根据高层设计的战略决策、组织结构以及文化等非人格化（Depersonalized）因素来判断高层领导对其工作的支持程度（Perceived Organizational Support，POS），① 进而形成员工对高层领导的信任。可以看出，在员工心目中，高层领导作为组织中制度化（Institutional）的一部分，对其信任表现出组织化的特点。Shaw（1997）认为组织信任作为一种组织文化特征，其作用体现在四个方面：一是影响组织的成功，二是影响团队的有效性，三是影响组织成员之间的合作，四是影响组织成员的可信性（Shaw，1997）。所以，组织信任对组织中的个体员工和组织都会产生影响。实证研究表明，组织信任是预测员工对整个组织满意度的重要变量，会影响组织公民行为（MaCallister，1995；Aryee，Budhwar，Chen，2002），对个体的任务绩效有影响（Davis，Schoorman，Mayer，2000；李宁、严进、金鸣轩，2006），对团体绩效有积极的影响（Cos-

① Wayne S. J.，Shore L. M.，Liden R. C. Perceived organizational support and leader-member exchange：A social exchange perspective [J]. Academy of Management Journal，1997，40（1）：82-111.

ta，2003；赵西萍、杨扬、辛欣，2008；于海波、方俐洛、凌文辁、郑晓明，2007）。由此提出以下假设：

H2-1：员工感知制度信任度越高，其任务绩效越好；

H2-2：员工感知制度信任度越高，其工作奉献意识越强；

H2-3：员工感知制度信任度越高，越有利于人际促进；

H2-4：员工感知制度信任度越高，员工创新意识越强。

三、制度信任在同事信任与工作绩效之间的调节作用

如上所述，人际信任对个体工作绩效有直接影响，但这种影响可能会受到个体对制度信任的影响。制度信任是相对于传统的熟人信任而言的，是社会生活中个人、组织或群体对现有社会制度（包括规章、规则、法规、条例等契约形式）的肯定和认可，认为制度约束下的交往对象能确保个人、组织或群体的生理、心理和社会活动的安全。现有研究表明，中国人更相信人与人之间的信任，相比之下，而对制度更不信任。但毫无疑问，制度信任会对人的行为产生影响，由此提出假设：

H3：制度信任在品德信任、能力信任和关系信任与工作奉献、任务绩效、人际促进的影响方面具有调节作用。

第四节 假设与模型

本书在理论分析和现有文献研究的基础上提出了相应的需要检验的假设，共 16 个（见表 4-6）。这些假设分为两大类：一是验证性假设，是指这一假设已有学者做过研究，并获得了经验研究的证实；二是探索性假设，是指这一假设没有其他学者提出过，或虽然有相关的

理论研究，但没有经过经验研究的证实（杨静，2006；杨志蓉，2006）。本书按照上述标准对所提的假设进行归类。

表 4-6 研究假设汇总

假设	假设内容	假设类型
H1	人际信任对工作绩效有直接影响	验证性
H1-1	员工感知自己与同事之间品德信任越高，其工作奉献意识越强	探索性
H1-2	员工感知自己与同事之间品德信任越高，其任务绩效越高	探索性
H1-3	员工感知自己与同事之间品德信任越高，其会产生更多的人际促进行为	探索性
H1-4	员工感知同事人际信任会与知识创新正相关	探索性
H1-5	员工感知自己与同事之间的能力信任越高，其工作奉献意识越强	验证性
H1-6	员工感知自己与同事之间的能力信任越高，其任务绩效越好	探索性
H1-7	员工感知自己与同事之间的能力信任越高，其越会产生人际促进行为	探索性
H1-8	员工感知自己同事的能力越强，其工作创新绩效越高	探索性
H1-9	员工感知自己与同事之间的关系信任越好，其工作奉献意识越强	探索性
H1-10	员工感知自己与同事之间的关系信任越好，其任务绩效越高	探索性
H1-11	员工感知自己与同事之间的关系信任越好，其创新绩效越高	探索性
H2-1	员工感知制度信任度越高，其任务绩效越好	探索性
H2-2	员工感知制度信任度越高，其工作奉献意识越强	探索性
H2-3	员工感知制度信任度越高，越有利于人际促进	探索性
H2-4	员工感知制度信任度越高，员工创新意识越强	探索性
H3	制度信任在品德信任、能力信任和关系信任与工作奉献、任务绩效、人际促进的影响方面具有调节作用	探索性

基于角色理论、社会交换理论、嵌入性、适域理论和社会网理论，本书通过对核心变量间逻辑线索的梳理，提出了一系列基本假设，进而沿着“人际信任—制度信任—工作绩效”的研究思路，形成了本书的初始理论模型（见图 4-1），拟探询信任影响个体工作绩效的内在机理。

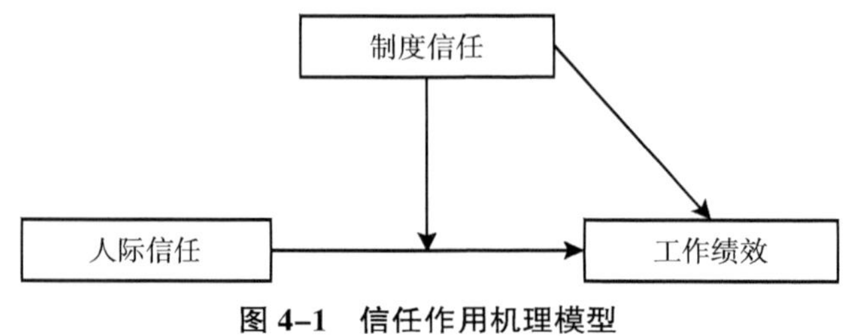

图 4-1 信任作用机理模型

具体模型如图 4-2 所示。

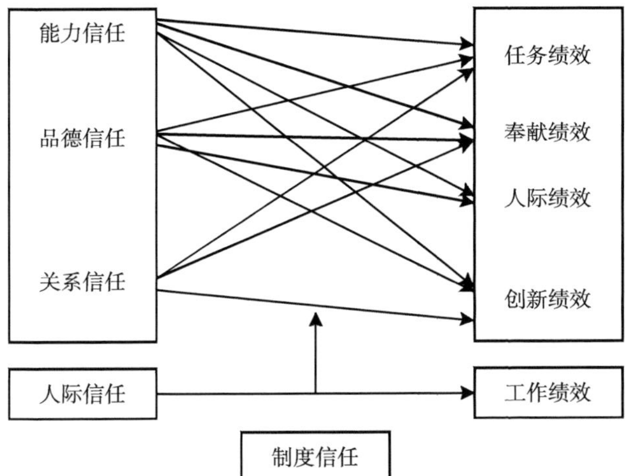

图 4-2 人际信任对工作绩效影响综合模型

第五章 样本调查与数据分析

本章主要介绍了研究数据的收集和数据的分析的过程，数据的收集过程包括：调研问卷的发放情况，调研的时间、地点和对象；然后将数据随机分成两部分，一部分用于做探索性因子分析，然后用全部数据做验证性因子分析。数据分析主要包括：对数据整体情况的描述性统计，对量表的信度和效度的检验，对控制变量影响自变量、中介变量和因变量的效果分析，运用多层次回归方法检验理论模型，运用SPSS13.0 检验相关假设。

第一节 数据的获取与描述

一、数据收集

问卷调查是本研究的主要研究方法之一。在问卷调研之前，首先要进行研究样本的确定。样本选择是调研工作中极为重要的环节，样本质量的优劣决定了研究结论的适用性和外推性（李怀祖，2004）。为了提高样本的质量，保证样本的代表性，本次问卷发放采用了随机抽样的原则。具体的做法有两种：一是首先通过熟人介绍联系到企业负责人或相关部门负责人，按调研时间发送问卷至正在上班的员工手中，考虑到本书的研究对象是员工之间的关系，而在一个组织中，员工有层级之分，为了避免调研问卷过于集中于基层员工，问卷发放时注意了企业中的高层、中层、基层和普通员工的选择与发放，考虑到部门分工的不同，在同一企业中，问卷发送尽量选择不同部门进行发放。二是笔者在企业相关人员的陪同下，亲自发放问卷，亲自提醒相关问题，并当场收回，完成问卷调研。

为了提高样本问卷的回收率和可靠性，笔者在总结调研经验的基础上，在样本调研过程中向参与调研的员工和朋友再三强调，本次调研的目的是纯学术研究，问卷是匿名填写，强调问卷的调研质量直接关系到研究成果的可靠性。从问卷回收效果来看，如此做法减少了代填写的现象，降低雷同问卷的数量，提高问卷的代表性。

样本量的多少关系着研究成果的可靠性，虽然相关学者一致认为结构方程建模的统计分析需要比较大的样本量才能维持估计的精确性（Accuracy of Estimates）以及确保代表性，但具体的数量学者们并未达成共识。Anderson 和 Gerbing（1998）认为 100~150 是满足样本大小的最低底线，Boomsma（1982）认为 400 个才合适，Bentley 和 Chou（1987）则认为如果变项符合常态或椭圆的分布，每个变项 5 个样本是足够的（黄芳铭，2005）。Nunnally（1967）的建议："样本数量应该是测量变量数的 10 倍"最常被学者引用（侯杰泰、温忠麟和成子娟，2004）。综合相关学者的观点，考虑问卷的条款数量，以及难以完全避免的不合格问卷因素，本次调研发放问卷共计 750 份。

正式调查从 2011 年 8 月初开始，到 2011 年 11 月结束，历时 3 个月左右。对江西南昌、抚州和广东广州、中山等 21 家企业发放了调查问卷共 730 份。回收了 662 份，回收率为 90.6%。

对于回收的问卷，基于以下几个原则进行筛选：

（1）问卷中有多处缺答现象的予以删除；

（2）问卷填写呈现明显规律性的予以删除，如答案呈"Z"形排列、所有条款选同一选项等；

（3）基于问卷中设置的反向条款，检验出前后条款结论相矛盾的予以删除；

（4）问卷中“不确定”选项过多的予以删除；

（5）同一企业回收的问卷存在明显雷同予以删除。

基于上述原则进行筛选后，最终得到有效问卷共 611 份，有效问卷回收率为 83.6%。

二、样本描述

本研究随机采用了 334 份样本用于做探索性因子分析。小样本分布情况主要基于企业层面和个体层面加以描述，其中企业层面包括企业性质和规模，个体层面包括被调查者的性别、年龄、学历、月收入、工作年限和所属部门等。

1. 小样本被调查者的统计描述

从表 5-1 可知，小样本被调查者中男性有 180 人，占 53.9%；女性有 145 人，占 43.4%。有 9 份问卷没有注明性别，占 2.7%。

表 5-1 小样本被调查者性别分布统计

		频次	人数百分比（%）	有效百分比（%）	累积百分比（%）
有效数	男	180	53.9	55.4	55.4
	女	145	43.4	44.6	100.0
	合计	325	97.3	100.0	
缺失数		9	2.7		
总数		334	100.0		

从表 5-2 可知，小样本被调查者中年龄在 30 岁以下的有 87 人，占 26.0%；在 30~45 岁的有 165 人，占 49.4%；年龄在 46 岁以上的有 70 人，占 21.0%。有 12 份问卷没有标明调查者的年龄，占 3.6%。

表 5-2　小样本被调查者年龄分布统计

		频次	人数百分比（%）	有效百分比（%）	累积百分比（%）
有效数	30 岁以下	87	26.0	27.0	27.0
	30~45 岁	165	49.4	51.2	78.3
	46 岁以上	70	21.0	21.7	100.0
	合计	322	96.4	100.0	
缺失数		12	3.6		
总数		334	100.0		

从表 5-3 可知，小样本被调查者中学历为高中或中专以下的有 140 人，占 41.9%；大专学历的有 101 人，占 30.2%；本科学历的有 73 人，占 21.9%；研究生学历的有 12 人，占 3.6%；有 8 份问卷没有填写学历，占 2.4%。

表 5-3　小样本被调查者学历分布统计

		频次	人数百分比（%）	有效百分比（%）	累积百分比（%）
有效数	高中或中专以	140	41.9	42.9	42.9
	大专	101	30.2	31.0	73.9
	本科	73	21.9	22.4	96.3
	研究生	12	3.6	3.7	100.0
	合计	326	97.6	100.0	
缺失数		8	2.4		
总数		334	100.0		

从表 5-4 可知，小样本被调查者中，普通职员有 172 人，占 51.5%；基层经理有 75 人，占 22.4%；中层经理有 65 人，占 19.5%；高层经理有 16 人，占 4.8%；有 6 份问卷没有标明其职位，占 1.8%。

表 5-4　小样本被调查者职位分布统计

		频次	人数百分比（%）	有效百分比（%）	累积百分比（%）
有效数	普通职员	172	51.5	52.4	52.4
	基层经理	75	22.4	22.9	75.3
	中层经理	65	19.5	19.8	95.1
	高层经理	16	4.8	4.9	100.0
	合计	328	98.3	100.0	
缺失数		6	1.8		
总数		334	100.1		

从表 5-5 可知，小样本被调查者在生产部门的有 88 人，占 26.3%；在研发部门的有 20 人，占 6.0%；在管理部门的有 88 人，占 26.3%；在销售部门的有 71 人，占 21.3%；其他部门的有 56 人，占 16.8%；有 11 份问卷没有填写所在部门，占 3.3%。

表 5-5 小样本被调查者所在部门分布统计

		频次	人数百分比（%）	有效百分比（%）	累积百分比（%）
有效数	生产部门	88	26.3	27.2	27.2
	研发部门	20	6.0	6.2	33.4
	管理部门	88	26.3	27.2	60.6
	销售部门	71	21.3	22.0	82.6
	其他部门	56	16.8	17.3	99.9
	合计	323	96.7	99.9	
缺失数		11	3.3		
总数		334	100.0		

从表 5-6 可见，小样本被调研者月收入在 1000~2000 元的最多，有 194 人，占 58.1%；其次是 2000~4000 元的有 79 人，占 23.6%；1000 元以下的有 29 人，占 8.7%；6000 元以上的有 7 人，占 2.1%；有 6 份问卷没有标明其月收入状况，占 1.8%。

表 5-6 小样本被调查者月收入分布统计

		频次	人数百分比（%）	有效百分比（%）	累积百分比（%）
有效数	1000 元以下	29	8.7	8.8	8.8
	1000~2000 元	194	58.1	59.2	67.9
	2000~4000 元	79	23.6	24.1	92.0
	4000~6000 元	19	5.7	5.8	97.8
	6000 元以上	7	2.1	2.1	99.9
	合计	328	98.3	99.9	
缺失数		6	1.8		
总数		334	100.1		

从表 5-7 可见，小样本被调研者在企业工作时间不满 3 年的有 129 人，占 38.6%；工作时间在 4~6 年的有 40 人，占 12.0%；工作时间在 7~10 年的有 98 人，占 29.3%；工作时间在 10~15 年的有 20 人，

占 6.0%；工作时间超过 15 年以上的有 42 人，占 12.6%；有 5 份问卷没有标明其工作年限，占 1.5%。

表 5-7　小样本被调查者工作年限分布统计

		频次	人数百分比（%）	有效百分比（%）	累积百分比（%）
有效数	3 年以内	129	38.6	39.2	39.2
	4~6 年	40	12.0	12.2	51.4
	7~10 年	98	29.3	29.8	81.2
	10~15 年	20	6.0	6.0	87.3
	15 年以上	42	12.6	12.8	100.1
	合计	329	98.5	100.1	
缺失数		5	1.5		
总数		334	100.0		

2. 样本所在企业的统计描述

从表 5-8 可见，小样本所在企业的企业性质的分布状况：国有企业的被调查者数量最多，有 99 人，占 29.6%；其次是外资企业，有 94 人，占 28.1%；股份制企业，有 70 人，占 21.0%；民营企业有 47 人，占 14.1%；中外合资企业有 11 人，占 3.3%。

表 5-8　小样本被调查者所在企业的性质分布统计

		频次	人数百分比（%）	有效百分比（%）	累积百分比（%）
有效数	国有企业	99	29.6	30.8	30.8
	民营企业	47	14.1	14.6	45.4
	外资企业	94	28.1	29.3	74.7
	中外合资企业	11	3.3	3.4	78.1
	股份制	70	21.0	21.8	99.9
	合计	321	96.1	99.9	
缺失数		13	3.9		
总数		334	100.0		

从表 5-9 可见，被调查企业规模经营在 100 人以下的企业员工有 79 人，占 23.7%；企业规模人数为 100~500 人的企业员工有 99 人，占 29.6%；500~2000 人的有 115 人，占 34.4%；2000 人以上的员工有 27 人，占 8.1%；有 14 份问卷没有填写企业规模数值，占 4.2%。

表 5-9 小样本被调查者所在企业规模统计

		频次	人数百分比（%）	有效百分比（%）	累积百分比（%）
有效数	100 人以下	79	23.6	24.6	24.7
	100~500 人	99	29.6	30.9	55.6
	500~2000 人	115	34.4	36.0	91.5
	2000 人以上	27	8.1	8.4	99.9
	合计	320	95.8	99.9	
缺失数		14	4.2		
总数		334	100.0		

第二节 小样本变量测量条款的描述性统计

本研究采用探索性因子分析和验证性分析的统计方法进行数据分析，根据因子分析统计方法的要求，分析的数据要求是服从正态分布，为此，有必要对问卷中各变量测量条款的均值、标准差、偏态和峰度等描述性统计量进行分析，以验证调研所获取的数据是否服从正态分布，分析结果见表 5-10。Kline（1998；转引自黄芳铭，2005）认为，当偏度绝对值小于 3，峰度绝对值小于 10 时，表明样本基本上服从正态分布。从表 5-10 可以看出，各测量条款的偏度绝对值都小于 3，峰度绝对值都小于 10，表明测量数据基本服从正态分布。

表 5-10 各测量条款调查数据的描述性统计

	样本量	均值	标准差	偏度		峰度	
				偏度值	标准差	峰度值	标准差
Q1-1	329	3.09	0.83	-1.22	0.13	2.54	0.26
Q1-2	328	3.26	0.85	-0.97	0.13	1.48	0.26
Q1-3	328	4.15	0.80	-1.23	0.13	2.77	0.26
Q1-4	326	3.37	1.06	-0.16	0.13	-0.70	0.26
Q1-5	326	3.82	0.89	-0.82	0.13	1.00	0.26
Q1-6	328	3.97	0.84	-0.97	0.13	1.48	0.26
Q1-7	323	3.72	0.89	-0.48	0.21	0.04	0.42

续表

	样本量	均值	标准差	偏度		峰度	
				偏度值	标准差	峰度值	标准差
Q1–8	321	3.62	0.91	–0.58	0.21	0.19	0.42
Q2–1	328	3.97	0.84	–0.97	0.13	1.48	0.26
Q2–2	328	4.00	0.86	–1.02	0.13	1.43	0.26
Q2–3	325	4.12	0.75	–0.85	0.13	1.38	0.26
Q2–4	328	4.17	0.76	–1.13	0.13	2.15	0.26
Q2–5	330	4.23	0.71	–1.03	0.13	2.33	0.26
Q2–6	327	3.52	1.14	–0.64	0.13	–0.35	0.26
Q3–1	328	3.97	0.84	–0.97	0.13	1.48	0.26
Q3–2	328	4.00	0.86	–1.02	0.13	1.43	0.26
Q3–3	325	4.12	0.75	–0.85	0.13	1.38	0.26
Q3–4	328	4.17	0.76	–1.13	0.13	2.15	0.26
Q3–5	330	4.23	0.71	–1.03	0.13	2.33	0.26
Q3–6	327	3.52	1.14	–0.64	0.13	–0.35	0.26
Q4–1	327	2.95	1.28	–0.09	0.13	–0.96	0.26
Q4–2	324	2.53	1.10	0.13	0.13	–0.77	0.27
Q4–3	326	2.93	1.09	–0.12	0.13	–0.75	0.26
Q4–4	328	3.06	1.18	–0.18	0.13	–0.75	0.26
Q4–5	323	3.73	1.03	–0.85	0.13	0.30	0.27
Q4–6	322	2.89	1.17	–0.139	0.13	–0.85	0.27
Q4–7	323	2.56	1.10	0.163	0.13	–0.67	0.27
Q4–8	325	3.07	1.17	–0.28	0.13	–0.56	0.26
Q5–1	207	4.05	0.65	–0.37	0.16	0.39	0.33
Q5–2	325	4.25	0.70	–1.08	0.13	2.54	0.26
Q5–3	326	4.31	0.68	–0.90	0.13	1.08	0.26
Q5–4	323	4.34	0.75	–1.34	0.13	2.601	0.27
Q6–1	325	4.47	0.64	–1.47	0.13	4.471	0.26
Q6–2	324	4.42	0.62	–1.22	0.13	4.029	0.27
Q6–3	324	4.44	0.69	–1.57	0.13	4.572	0.27
Q6–4	326	4.43	0.70	–1.71	0.13	5.037	0.26
Q6–5	327	4.22	0.71	–1.17	0.13	3.167	0.26
Q7–1	323	4.27	0.76	–1.50	0.13	3.994	0.27
Q7–2	325	4.33	0.65	–0.93	0.13	1.629	0.26
Q7–3	327	4.44	0.59	–0.91	0.13	1.615	0.26
Q7–4	325	4.41	0.65	–1.39	0.13	4.229	0.26
Q7–5	327	4.36	0.63	–0.70	0.13	0.489	0.26
Q8–1	321	4.23	0.78	–0.83	0.26	0.40	0.52
Q8–2	323	4.06	0.81	0.60	0.26	–0.22	0.51
Q8–3	323	3.88	0.85	–0.55	0.26	–0.55	0.51
Q8–4	323	3.41	1.11	0.49	0.26	0.37	0.51

第三节　小样本量表探索性因子分析

在本研究中，某些变量的测量条款是在综合不同研究者的相关量表的基础上设计的，可能会出现“垃圾测量条款”（Garbage Items），需要进行净化、删除或调整（Churchill，1979）。某些量表是国外研究者开发的，虽然在翻译时，考虑到文化的因素，但仍需进行检验。本研究采用探索性因子分析对测量的条款进行净化、删除，在这基础上得出量表，再进行后续研究。

小样本预测首先利用 334 份有效问卷的数据，分别对制度信任的 8 个测量条款、人际信任的 19 个测量条款和工作绩效的 18 个测量条款进行探索性因子分析。通过 KMO（Kaiser-meyer-Olkin Measure of Sampling Adequacy）样本测度和巴特莱特球体检验（Bartlett Test of Sphericity）以判断样本是否适合进行因子分析。KMO 在 0.9 以上，非常适合；0.8~0.9，很适合；0.7~0.8，适合；0.6~0.7，不太适合；0.5~0.6，很勉强；0.5 以下，不适合；巴特莱特球体检验的统计值的显著性概率小于等于显著性水平时，可做因子分析（马庆国，2002）。采用主成分分析法对测量条款进行因素提取，按照“Kaiser（1960）准则”，把特征值（Eigenvalue）大于 1 作为选取因子的原则；并利用最大变异法（Varimax）作为正交转轴，保留因子载荷量绝对值大于 0.5 的项目，而剔除载荷小于 0.5 的项目。Weiss（1970）认为若测量条款的因子负载小于 0.5，则删除该条款，当剩余测量条款的因子负载都大于 0.5 且解释方差的累计比例（cummulative % of variance）大于 50%，则表示测量条款是符合要求的（杨志蓉，2006）。并通过 α 信度系数法（The Cronbach Alpha，简称 α 系数）分析测量项目的内部一致性，进行信度评价。多数学者认为 α 系数达到 0.7 是一个较为合适的标准阈值（Bock 等，2005），在测量条款净化前后，都需要计算 α 系数，假如删除某项测量条款，α 系数增大，则表示可以删除该条款（刘怀伟，2003）。进而根据分析结果对量表做进一步调整，删除不合适的题项，将调整后的量表用于后续研究。

一、制度信任探索性因子分析

对制度信任的 8 个测量条款进行探索性因子分析，分析结果，运用主成分分析，显示是两个维度，且两个维度之间相关性很高（0.788），其中 Q1-2、Q1-6 条款负荷低于 0.4，删除，并且测量条款“Q1-3：我觉得我的组织并不总是诚实的，在两个维度上负荷都高”，考虑“Q1-1：我相信我的组织能恪守道德规范”，包容 Q1-3 条款内容，删除后进行主成分分析，各测量条款负荷见表，量表信度是 0.67，接受可接受水平。量表方差解释变量为 53.15%。

表 5-11　制度信任探索性因子分析结果

	Component
	1
Q1-1	0.685
Q1-4	0.745
Q1-5	-0.655
Q1-7	0.841
Q1-8	0.669

注：提取方法：主成分分析。
a：成分提取。

制度信任经小样本测试后的量表见表 5-12。

表 5-12　制度信任初测后的测量条款

维度	测量条款	Cronbach α 系数
制度信任	Q1-1：我相信我的组织能恪守道德规范（a）	0.67
	Q1-4：通常，我相信我的组织的动机和意图是好的（a）	
	Q1-5：我并不认为我的组织（高管）能公平地对待我（a）	
	Q1-7：我相信我的组织能为我的工作提供帮助和支持（徐碧祥）	
	Q1-8：我相信我的组织会关系我的福利（b）	

二、人际信任探索性因子分析

对人际信任的 19 个测量条款进行因子分析。信度分析得到整个问卷的 Cronbach's α 系数为 0.777，表明量表的内部一致性较好。Bartlett 和 KMO（Kaiser-Meyer-Olkin）检验结果显示，Bartlett 检验得出的 p 值为 0.000，小于显著性水平 0.01；KMO 检验结果显示 KMO 值为 0.81。Bartlett 和 KMO 的检验结果说明样本充足度很高，适合做因子分析（Kasier，1960）。采用主成分抽取特征值大于 1 的因子，并进行方差最大（Varimax）旋转，得到 5 个因子，解释量为 63.87%。

在探索性因子分析中发现，测量条款"Q5-4：我认为大部分的同事在工作中有过言行不一致"同时在两个因子的负荷高于 0.5，有着多重线性关系，故删除。据此，本研究删除 Q5-4 条款进行再次探索性因子分析，Bartlett 检验得出的 p 值为 0.000，小于显著性水平 0.01，KMO 为 0.85，发现特征值大于 1 的有 4 个因子，累积方差解释量为 64.17%，量表总体信度为 0.80，较之没删除"Q5-4：我认为大部分的同事在工作中有过言行不一致"的信度系数要高，但解释量减少了。再检查数据分析的结果，测量条款"Q6-5：我相信大部分的同事能够完成他们的工作"在能力信任因子和品德信任因子上有较高负荷，但是在能力信任因子负荷上较品德信任因子负荷更高，Q6-5 测量条款按其意思来说是测量同事工作能力的，从其因子负荷来判断，其应属于能力信任因子。测量条款"Q7-6：我能将对上司的不满告诉同事"和"Q7-7：我能将对我与同事都认识的熟人的不满告诉同事"这两个测量条款组成一个因子，按照测量条款的意思是测量同事之间的私交信任，且两个条款一般不组成一个因子，据此，本研究删除这两个条款再做探索性因子分析，再检查数据分析结果，发现测量条款“Q6-1：我相信大多数同事具备完成工作所需的知识”在能力信任因子和品德信任因子上均有较高负荷，Q6-1 条款的题意是测量同事之间工作知识的，其在能力信任因子上负荷为 0.67，考虑是小样本预测，故保留此条款。经过调整后，量表方差解释变量为 60.24%，各因子的信度在 0.72~0.84。除 Q6-6 测量条款的因子负荷为 0.49，小于 0.5 外，其他各测量条款在各因子上的负荷均为 0.5 以上，人际信任量表总信度为 0.79。

根据探索性因子分析的结果和对测量条款的分析，人际信任包括 3 个因子，这 3 个因子分别代表能力信任、品德信任和关系信任，与本研究理论假设部分提出的人际信任维度是相符的，表明量表符合研究的要求。

三、工作绩效探索性因子分析

对工作绩效 19 个测量条款进行因子分析，信度为 0.35，从问卷回答情况来看，“工作创新”绩效 4 个条款缺失值太多，故对工作绩效探索性因子分析时，删除了“工作创新”维度的 4 个条款。量表信度分析得到整个问卷的 Cronbach's α 系数为 0.938，表明量表的内部一致性很高。Bartlett 和 KMO（Kaiser-Meyer-Olkin）检验结果显示，Bartlett 检验得出的 p 值为 0.000，小于显著性水平 0.01；KMO 检验结果显示，KMO 值为 0.89，样本适合做因子分析（Kasier，1960）。采用主成分抽取特征值大于 1 的因子，并进行方差最大（Varimax）旋转，得到 3 个因子，累计解释量为 75.93%。

根据因子分析的结果和对测量条款的分析，工作绩效由 3 个因子组成，这 3 个因子分别代表工作奉献、任务绩效和人际促进，与本研

究理论假设部分提出的工作绩效维度是基本相符的，表明量表符合研究的要求。

第四节 小 结

首先，本章说明了调查问卷的设计过程，包括问卷设计的原则与程序。其次，说明了具体测量条款产生的理论依据、产生过程。最后，通过小规模样本预调查检验初始问卷的有效性和可靠性，剔除相关程度较低的测量条款，并对问卷的措辞进行修订，得到问卷的最终版本。

第六章 大样本调查与数据分析

本章主要介绍了研究数据的收集和分析过程。数据的收集过程，包括调研问卷的发放情况，调研的时间、地点和对象；数据分析过程，主要包括对数据整体情况的描述性统计，对量表的信度和效度的检验，对控制变量影响自变量、中介变量和因变量的效果分析，运用多层次回归方法检验理论模型，运用 SPSS13.0 检验相关假设。

第一节 大样本描述

样本描述主要基于企业层面和个体层面进行，其中企业层面包括企业性质、所在行业和规模，个体层面包括被调查者的性别、年龄、工作年限、学历、年收入和所在部门。

1. 被调查者统计描述

被调查者统计描述，被调查者中男性有 327 人，占 53.5%；女性有 278 人，占 45.5%；有 6 份问卷没有填写性别，占 1.0%。被调查者性别分布统计见表 6–1。

从表 6–2 可知，被调查者中 30 岁以下的有 178 人，占 29.2%；30~45 岁的有 305 人，占 49.9%；46 岁以上的有 107 人，占 17.5%；有 21 份问卷没有填写年龄，占 3.4%。

表 6-1 被调查者性别的分布统计

		频次	人数百分比（%）	有效百分比（%）	累积百分比（%）
有效值	男	327	53.5	54.0	54.0
	女	278	45.5	46.0	100.0
	合计	605	99.0	100.0	
缺失值		6	1.0		
总数		611	100.0		

表 6-2 被调查者年龄的分布统计

		频次	人数百分比（%）	有效百分比（%）	累积百分比（%）
有效值	30 岁以下	178	29.2	30.2	30.2
	30~45 岁	305	49.9	51.7	81.9
	46 岁以上	107	17.5	18.1	100.0
	合计	590	96.6	100.0	
缺失值		21	3.4		
总数		611	99.9		

被调查者中具有高中或中专以下学历的人数最多，占 46.3%；具有研究生学历的人数最少，占 4.3%。被调查者学历分布统计见表 6-3。

表 6-3 被调查者学历分布统计

		频次	人数百分比（%）	有效百分比（%）	累积百分比（%）
有效值	高中或中专以下	283	46.3	46.7	46.7
	大专	168	27.5	27.7	74.4
	本科	129	21.1	21.3	95.7
	研究生	26	4.3	4.3	100.0
	合计	606	99.2	100.0	
缺失值		5	0.8		
总数		611	100.0		

被调查者中普通职员有 364 人，占 59.6%；基层经理有 102 人，占 16.7%；中层经理有 111 人，占 18.1%；高层经理有 28 人，占 4.6%；有 6 份问卷没有填写职位，占 1.0%。被调查者职位的分布统计见表 6-4。

表 6-4　被调查者职位的分布统计

		频次	人数百分比（%）	有效百分比（%）	累积百分比（%）
有效数	普通职员	364	59.6	60.2	60.2
	基层经理	102	16.7	16.9	77.1
	中层经理	111	18.1	18.3	95.4
	高层经理	28	4.6	4.6	100.0
	合计	605	99.0	100.0	
缺失值		6	1.0		
总数		611	100.0		

被调查者属于生产部门的有 160 人，占 26.2%；属于研发部门的有 34 人，占 5.6%；属于管理部门的有 140 人，占 22.9%；属于销售部门的有 89 人，占 14.6%；属于其他部门的有 180 人，占 29.4%；有 8 份问卷没有填写部门，占 1.3%。被调查者部门的分布统计见表 6-5。

表 6-5　被调查者部门的分布统计

		频次	人数百分比（%）	有效百分比（%）	累积百分比（%）
有效数	生产部门	160	26.2	26.5	26.5
	研发部门	34	5.6	5.6	32.1
	管理部门	140	22.9	23.2	55.3
	销售部门	89	14.6	14.8	70.1
	其他部门	180	29.4	29.9	100.0
	合计	603	98.7	100.0	
缺失值		8	1.3		
总数		611	100.0		

被调查者月收入在 1000 元以下的有 63 人，占 10.3%；月收入在 1000~2000 元的有 354 人，占 57.9%；月收入在 2000~4000 元的有 144 人，占 23.6%；月收入在 4000~6000 元的有 30 人，占 4.9%；月收入在 6000 元以上的有 17 人，占 2.8%；有 3 份问卷没有填写月收入状况，占 0.5%。被调查者月收入的分布统计见表 6-6。

表 6-6　被调查者月收入的分布统计

		频次	人数百分比（%）	有效百分比（%）	累积百分比（%）
有效数	1000 元以下	63	10.3	10.4	10.4
	1000~2000 元	354	57.9	58.2	68.6
	2000~4000 元	144	23.6	23.7	92.3
	4000~6000 元	30	4.9	4.9	97.2
	6000 元以上	17	2.8	2.8	100.0
	合计	608	99.5	100.0	
缺失数		3	0.5		
总数		611	100.0		

被调查者工作年限在 3 年以内的有 261 人，占 42.7%；工作年限为 4~6 年的有 127 人，占 20.8%；工作年限在 7~10 年的有 138 人，占 22.6%；工作年限在 10~15 年的有 35 人，占 5.7%；工作年限在 15 年以上的有 48 人，占 7.9%；有 2 份问卷没有填写工作年限，占 0.3%。被调查者工作年限的分布统计见表 6-7。

表 6-7　被调查者工作年限的分布统计

		频次	人数百分比（%）	有效百分比（%）	累积百分比（%）
有效数	3 年以内	261	42.7	42.9	42.9
	4~6 年	127	20.8	20.8	63.7
	7~10 年	138	22.6	22.7	86.4
	10~15 年	35	5.7	5.7	92.1
	15 年以上	48	7.9	7.9	100.0
	合计	609	99.7	100.1	
缺失数		2	0.3		
总数		611	100.0		

2. 样本所在企业的统计描述

样本所在企业的企业性质分布状况（见表 6-8）：民营企业被调查者的数量最多，有 166 人，占 27.1%；国有企业和股份制企业的被调查者各有 147 人，各占 24.1%；外资企业的被调查者有 117 人，占 19.1%；中外合资企业的被调查者有 19 人，占 3.1%；有 15 份问卷没有填写企业性质这一栏，占 2.5%。

表 6-8 样本所调查的企业性质统计描述

		频次	人数百分比（%）	有效百分比（%）	累积百分比（%）
有效数	国有企业	147	24.1	24.7	24.7
	民营企业	166	27.1	27.8	52.5
	外资企业	117	19.1	19.6	72.1
	中外合资企业	19	3.1	3.2	75.3
	股份制	147	24.1	24.7	100.0
	合计	596	97.5	100.0	
缺失数		15	2.5		
总数		611	100.0		

企业规模为 100~500 人的企业被调查者的人数最多，有 227 人，占 37.2%；其次是企业规模为 500~2000 人的企业被调查者有 167 人，占 27.3%；有 19 份问卷没有填写企业规模，占 3.1%（见表 6-9）。

表 6-9 样本所调查企业的规模分布统计

		频次	人数百分比（%）	有效百分比（%）	累积百分比（%）
有效数	100 人以下	153	25.0	25.9	25.9
	100~500 人	227	37.2	38.3	64.2
	500~2000 人	167	27.3	28.2	92.4
	2000 人以上	45	7.4	7.6	100
	合计	592	96.9	100.0	
缺失数		19	3.1		
总数		611	100.0		

第二节 变量测量条款的描述性统计

本研究采用探索性因子分析和验证性分析的统计方法进行数据分析，根据因子分析统计方法的要求，分析的数据要求是服从正态分布，因此有必要对问卷中各变量测量条款的均值、标准差、偏态和峰度等描述性统计量进行分析，以验证调研所获取的数据是否服从正态分布，分析结果见表 6-10。Kline（1998；转引自黄芳铭，2005）认为，当偏度绝对值小于 3，峰度绝对值小于 10 时，表明样本基本上服从正态分布。从表 6-10 可以看出，各测量条款的偏度绝对值都小于 3，峰度绝对值都小于 10，表明测量数据基本服从正态分布。

表 6-10　各测量条款调查数据的描述性统计

	样本量	均值	标准差	偏度		峰度	
				偏度值	标准差	峰度值	标准差
Q1-1	607	3.19	0.85	-1.17	0.09	1.67	0.19
Q1-4	608	3.37	0.86	-1.02	0.09	1.28	0.19
Q1-5	605	3.82	1.06	-0.94	0.09	0.51	0.19
Q1-7	610	3.64	1.04	-0.73	0.09	0.22	0.19
Q1-8	606	3.62	0.93	-0.72	0.09	0.71	0.19
Q2-1	606	4.07	0.82	-1.33	0.09	2.90	0.19
Q2-2	605	4.01	0.82	-1.02	0.09	1.74	0.19
Q2-3	604	4.08	0.76	-1.17	0.09	2.85	0.19
Q2-5	604	3.80	0.86	-0.76	0.09	0.87	0.19
Q3-1	606	3.89	0.80	-0.75	0.09	0.97	0.19
Q3-2	607	3.80	0.90	-0.67	0.09	0.26	0.19
Q3-3	604	3.88	0.89	-0.76	0.09	0.18	0.19
Q3-4	607	3.94	0.89	-0.88	0.09	0.37	0.19
Q3-5	609	4.10	0.72	-0.80	0.09	1.48	0.19
Q3-6	606	3.51	1.09	-0.53	0.09	-0.56	0.19
Q4-1	605	2.50	1.33	0.37	0.09	-1.07	0.19
Q4-2	601	2.39	1.16	0.26	0.09	-1.02	0.19
Q4-3	605	2.69	1.12	0.18	0.09	-0.81	0.19
Q4-4	605	2.84	1.19	-0.00	0.09	-0.92	0.19
Q4-5	600	3.45	1.14	-0.69	0.099	-0.30	0.19
Q4-6	603	2.98	1.17	-0.19	0.09	-0.79	0.19
Q4-8	605	2.50	1.33	0.37	0.09	-1.07	0.19
Q5-1	485	3.94	0.83	-0.81	0.11	1.00	0.22
Q5-2	604	4.04	0.90	-1.07	0.09	1.06	0.19
Q5-3	604	4.16	0.78	-1.06	0.09	1.75	0.19
Q5-4	599	4.25	0.76	-1.08	0.09	1.49	0.19
Q6-1	601	4.39	0.66	-1.30	0.09	3.76	0.19
Q6-2	603	4.29	0.68	-0.89	0.09	1.72	0.19
Q6-3	601	4.30	0.74	-1.35	0.09	3.25	0.19
Q6-4	604	4.29	0.71	-1.34	0.09	3.58	0.19

续表

	样本量	均值	标准差	偏度		峰度	
				偏度值	标准差	峰度值	标准差
Q6-5	606	4.03	0.80	-0.82	0.09	1.19	0.19
Q7-1	597	4.20	0.77	-1.18	0.10	2.36	0.19
Q7-2	603	4.20	0.78	-1.17	0.09	2.18	0.19
Q7-3	606	4.36	0.72	-1.60	0.09	4.42	0.19
Q7-4	602	4.38	0.70	-1.53	0.09	4.52	0.19
Q7-5	604	4.22	0.73	-0.79	0.09	0.81	0.19

第三节　探索性因子分析

本研究利用 611 份有效问卷的数据分别对制度信任变量的 5 个测量条款、人际信任变量的 16 个测量条款和工作绩效的 14 个测量条款进行探索性因子分析。

一、制度信任探索性因子分析

对制度信任量表的 5 个测量条款进行探索性因子分析，以判断是否存在其他关系因子，以及测量条款是否需要调整。Bartlett 和 KMO（Kaiser-Meyer-Olkin）检验结果显示，Bartlett 检验得出的显著性概率为 0.000，小于显著性水平 0.01；KMO 检验结果显示 KMO 值为 0.70，说明样本充足度较高，根据统计学家 Kasier（1960）等给出的标准，适合做因子分析。采用主成分抽取特征值大于 1 的因子，各因子负荷不小于 0.4，并进行方差最大（Varimax）旋转，发现有 1 个因子的特征值大于 1，累计解释量为 55.05%。各项测量条款的因子负载是见表 6-11，大于 0.5 的要求，各因子的 α 信度系数 0.69，属于可接受范围。

表 6-11 制度信任探索性因子分析

	Component	Cronbach's α 系数
Q1-1	0.73	0.69
Q1-2	0.68	
Q1-3	0.75	
Q1-4	0.73	
Q1-5	0.52	

二、人际信任量表的探索性因子分析

对人际信任量表的 16 个测量条款进行探索性因子分析，以判断是否存在其他信任因子，以及测量条款是否需要调整。信度分析得到整个问卷的 Cronbach's α 为 0.79。表明量表的内部一致性较高。对量表的结构效度分析的 Bartlett 和 KMO（Kaiser-Meyer-Olkin）检验结果显示，KMO 为 0.85，Bartlett 检验卡方值为 4427.82，显著性概率为 0.000。通过主成分的分析得到 3 个因子，累计解释量为 61.62%。数据分析中发现"Q6-1：我相信我的大多数同事具备完成工作所需的知识"这一条款在能力信任因子和品德信任因子上都有较高负荷，但 Q6-1 这一条款在因子 3 上的负荷低于 0.5，在因子 1 上的负荷大于 0.5，故将 Q6-1 这一条款归于能力信任因子。

从因子负荷表可发现，调整后的 16 个条款自动负荷在 3 个因子上。因子之间测量条款并无交叉，各因子的 α 信度系数分别是 0.86、0.80、0.82，大于 0.7 的标准，而且各项测量条款的因子负载除了"Q5-4：我认可大多数同事的工作价值观"这一条款是 0.49，其余的则大于 0.5 的要求，表明这些测量条款是由 3 个因子组成的。

碎石图（见图 6-1）也显示，从第 3 个因子以后，坡度线甚为平坦，因此保留 3 个因子是合适的。因子分析的结果验证了人际信任的三构面模型，测量条款 Q6-1、Q6-2、Q6-3、Q6-4、Q6-5、Q6-6 是用来测量同事能力信任的，因此将其命名为能力信任；测量条款 Q7-1、Q7-2、Q7-3、Q7-4、Q7-5、Q7-6 是用来测量同事关系信任的，因此

将其命名为关系信任；测量条款 Q5-1、Q5-2、Q5-3、Q5-4 是用来测量同事品德信任的，因此将其命名为品德信任，探索性因子分析的结果与本研究理论假设部分提出的人际信任三维度特征是相符的。

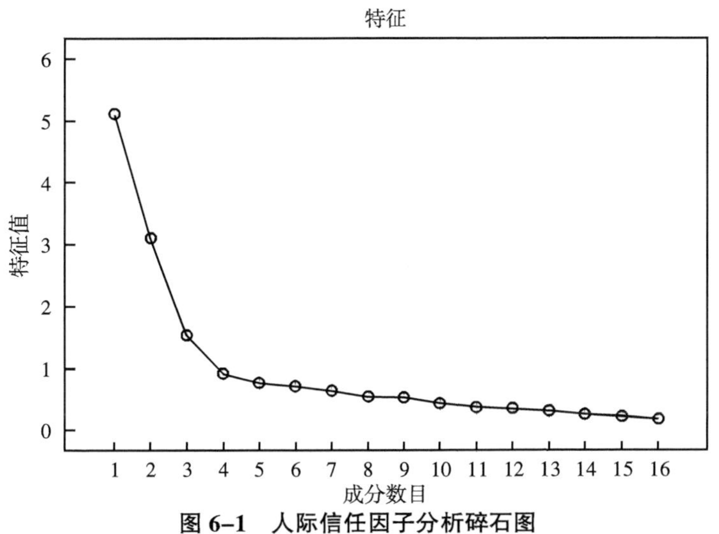

图 6-1 人际信任因子分析碎石图

三、工作绩效的探索性因子分析

对工作绩效量表的 14 个测量条款进行探索性因子分析，以判断是否存在其他绩效因子，以及测量条款是否需要调整。信度分析得到工作绩效问卷的 Cronbach's α＝0.91。表明量表的内部一致性较高。对量表的结构效度分析的 Bartlett 和 KMO（Kaiser-Meyer-Olkin）检验结果显示，Bartlett 检验得出的显著性概率为 0.000，小于显著性水平 0.01；KMO 检验结果显示 KMO 值为 0.87，说明样本充足度很高，根据统计学家 Kasier 等给出的标准，适合做因子分析。采用主成分抽取特征值大于 1 的因子，各因子负荷不小于 0.4，并进行方差最大（Varimax）旋转，发现有 3 个因子的特征值大于 1，其值分别为：6.78、2.18、1.17，累计解释量为 72.41%。因子之间测量条款并无交叉，各因子的 α 信度系数分别是 0.87、0.87、0.90，大于 0.7 的标准，而且各项测量条款的因子负荷在 0.65~0.83，大于 0.5 的要求，表明这些测量条款是由 3 个因子组成的。大样本工作绩效因子分析见表 6–12。碎石图（见图 6–2）显示，从第 3 个因子以后，坡度线甚为平坦，因此保留 3 个因子是合适的。因子分析的结果验证了工作绩效的三构面模型，与 Motowidlo 和 Van Scotter（1996）的研究结果是一致的，因子 1 命名为任务绩效，因子 2 命名为人际促进，因子 3 命名为工作奉献。探索性因子分析的结果与本研究理论假设部分提出的工作绩效三维度特征是相符的。

表 6–12　大样本工作绩效因子分析

	大样本工作因子			Cronbach's α 系数
	任务绩效	人际促进	工作奉献	
Q8–1	–0.01	0.19	0.83	0.90
Q8–2	0.16	0.20	0.83	
Q8–3	0.21	0.15	0.83	
Q8–4	0.40	0.08	0.73	
Q9–1	0.65	0.40	0.18	0.87
Q9–2	0.81	0.16	0.10	
Q9–3	0.77	0.30	0.21	
Q9–4	0.76	0.31	0.22	
Q9–5	0.70	0.23	0.12	
Q10–1	0.48	0.57	0.11	0.87
Q10–2	0.36	0.77	0.11	
Q10–3	0.27	0.79	0.14	
Q10–4	0.28	0.78	0.16	
Q10–5	0.14	0.74	0.28	
KMO		0.87		
Bartlett 检验卡方值		4753.45		
显著性概率		0.000		
特征值	6.78	2.18	1.17	
解释方差比例	48.44%	15.60%	8.36%	

通过碎石图也可区分工作绩效因子，见图 6–2。

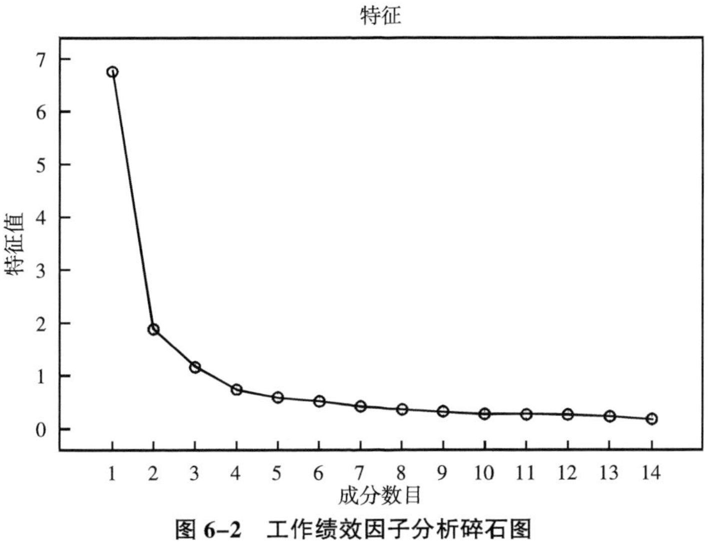

图 6-2　工作绩效因子分析碎石图

第四节　验证性因子分析

一、本研究采用的拟合指数的说明

本研究采用确定性因子分析（CFA）来检验测量模型的结构。只有在构思变量测量的可信性和有效性得到保证后，根据潜变量之间的统计关系做出的结论才有意义（王庆喜，2004）。测量的可信性和有效性可以通过检验测量条款的信度（Reliability）、效度（Validity）来获得（Shook，2004）。本文的效度检验主要考虑：收敛效度（Convergent Validity）、区分效度（Discriminant Validity）和内容效度（Content Validity）。收敛效度指一个指标变量与其他测量相同潜变量的指标变量有较高的相关存在状况；区分效度表示的是一个指标与其他测量不同潜变量的指标有较低的相关存在状况（Rigdon，1998）；内容效度则是指一个测验本身所能包含的概念意义范围或程度（黄芳铭，2005）。

确定性因子有多种模型拟合指标，Bollen（1989）认为应该慎重地参考多个不同类型而且性质稳定的指数报告多项测量结果，而不能只依赖某一种选择。借鉴现有研究成果，本研究采用以下指标来检验测量模型的效度。

卡方指数（χ^2）。χ^2 统计是一种差性适配指标，在某种自由度下所获取的一个显著χ^2 值，代表观察矩阵和理论估计矩阵之间是不适配的，其值对样本数相当敏感，即当样本越大时，χ^2 值越容易达到显著，从而导致理论模式被拒绝（黄芳铭，2005）。为了减少样本规模对拟合检验的影响，多数学者建议采用χ^2/df 指标。对于其取值，有学者认为卡方与自由度之比小于 2.0，则可以认为模型拟合较好（郭志刚，2004），但也有学者认为当χ^2/df 介于 2.0~5.0 时，也可以接受模型（侯杰泰、温忠麟和成子娟，2004）。本研究以不超过 5.0 作为标准，在此范围内的模型是可以接受的。

平均平方残差的平方根（RMR）和近似误差的均方根（RMSEA）。RMR 是适配残差变异数/共变数的平均值的平方根，尤其适用于模型优劣程度的比较（黄芳铭，2005）。Steiger（1990）提出了近似误差的均方根（RMSEA），并指出，RMSEA 低于 0.1 表示好的拟合；低于 0.05 表示非常好的拟合；低于 0.01 表示非常出色的拟合。黄芳铭（2005）综合两项指标，提出 RMSEA 值小于 0.05 表示理论模型可以接受，是“良好适配”，0.05~0.08 认为是“不错的适配”，0.08~0.10 是“中度适配”，大于 0.10 则表示“不良适配”。

良好拟合指数（GFI）和调整拟合指数（AGFI）。GFI 是一种非统计的测量，从中可以看出理论模型的变异数与共变数能够解释观察资料的变异数与共变数的程度，其范围大小介于 0~1。0 代表较差的适配，1 表示完美的适配。GFI 可以显现整体适配的程度，但是受到样本大小的影响（黄芳铭，2005）。因此，有研究者利用自由度和变项个数之比来调整 GFI，由此产生的指数称为调整拟合指数（AGFI）。AGFI

的基本目标是诊断模型拟合是否是通过具有太多的协相关系数的“过度”拟合数据导致的（杨志蓉，2006）。一般而言，GFI、AGFI 值超过 0.90，假设模型就可以接受，表示拟合良好(Bagozzi 和 Yi，1988)。

规范拟合指数（NFI）、修正拟合指数（IFI）和比较拟合指数(CFI)。此三类指数均是从设定模型的拟合与独立模型的拟合之间的比较中取得的，也被称为比较拟合指数（郭志刚，2004）。NFI 是通过比较独立模型与设定模型之间χ^2值来评价模型的。NFI 的局限性在于：不能控制自由度，而且 NFI 的抽样分布平均值与样本规模正相关。Bollen（1989）指出，IFI 能够降低指标的平均值对样本规模的依赖，并考虑设定模型自由度的影响，与 NFI 相比 IFI 具有一定改进。CFI 则运用了非中心的χ^2分布与非中心的参数进行模型拟合，从而克服了指标的样本变异性（郭志刚，2004）。一般而言，NFI、IFI、CFI 值介于 0~1，值越大表示模型适配越好，通常要超过0.90，才可认为模型拟合良好（黄芳铭，2005）。

综合以上建议，将模型的适配度指标数值范围及建议值归纳见表 6-13。

表 6-13 最佳适配度指标及其建议值

	数值范围	建议值
χ^2/df	0 以上	小于 5，小于 3 更好
RMSEA	0 以上	小于 0.10，小于 0.05 更好
GFI	0~1，可能出现负值	大于 0.9
AGFI	0~1，可能出现负值	大于 0.9
CFI	0~1	大于 0.9
NFI	0~1	大于 0.9
IFI	0 以上，大多在 0~1	大于 0.9

二、收敛效度分析

1. 制度信任收敛效度分析

Kerhnger（1986）提出，同一构面中，因子负荷值越大（通常为

0.5 以上)，表示收敛效度越高。从表 6–14 可以得出，制度信任确定性因子分析的拟合效果还可以接受，所有的测量条款的标准化因子负载均大于 0.5，没有超过或太接近 1，各负荷系数也没有太大的标准误差，说明无违犯现象发生。根据拟合指数判断验证性因子分析模型的整体效度，绝对拟合指数 χ/df = 6.33，GFI = 0.91，AGFI = 0.89，RMSEA = 0.094，指标处于尚可接受的范围，相对拟合指数 NFI = 0.89，IFI = 0.88，CFI = 0.86，指标处于尚可接受范围。因此测量模型是有效的，表现出了较好的收敛效度。

表 6–14　制度信任收敛效度分析统计

	测量条款	标准化因子负载	标准误差（S.E.）	临界比（C.R.）
制度信任	Q1–1	0.75		
	Q1–4	0.72	0.07	16.19
	Q1–5	0.77	0.13	13.59
	Q1–7	0.64	0.12	13.28
	Q1–8	0.53	0.10	11.90

2. 品德信任收敛效度分析

从表 6–15 可以得出，品德信任确定性因子分析的拟合效果非常理想，所有的测量条款的标准化因子负载均在 0.50~0.84，没有超过或太接近 1，各负荷系数也没有太大的标准误差，说明无违犯现象发生。根据拟合指数判断验证性因子分析模型的整体效度，多项拟合指数拟合优度指标均超过建议值。绝对拟合指数 χ^2/df = 6.48，GFI = 0.99，AGFI = 0.94，RMSEA = 0.095，除 RMSEA 值大于 0.08，小于 0.1，处于尚可接受范围，其他指标均优于建议值；相对拟合指数 NFI = 1.00，

表 6–15　品德信任收敛效度分析统计

	测量条款	标准化因子负载	标准误差（S.E.）	临界比（C.R.）
品德信任	Q5–1	0.83		
	Q5–2	0.84	0.04	22.16
	Q5–3	0.79	0.04	21.00
	Q5–4	0.50	0.05	12.22

IFI = 1.00，CFI = 1.00 均优于建议值，表示该模型的拟合优度表现出了较好的收敛效度，因此测量模型是有效的。

3. 能力信任收敛效度分析

从表 6–16 可以得出，能力信任确定性因子分析的拟合效果较理想，除 Q6–6“我相信大多数同事有提高本部门绩效的能力”条款负荷少于 0.5，其他测量条款的标准化因子负载均在 0.63~0.84，没有超过或太接近 1，各负荷系数也没有太大的标准误差，说明无违犯现象发生。根据拟合指数判断验证性因子分析模型的整体效度，各项拟合指数拟合优度指标均超过建议值。绝对拟合指数 χ^2/df = 5.98，GFI = 0.97，AGFI = 0.93，RMSEA = 0.090，除 RMSEA 值大于 0.008，小于 0.1，处于尚可接受范围，其他指标均优于建议值；相对拟合指数 NFI = 0.97，IFI = 0.95，CFI = 0.97 均优于建议值，表示该模型的拟合优度表现出了较好的收敛效度，因此测量模型是有效的。

表 6–16 能力信任的收敛效度分析统计

	测量条款	标准化因子负载	标准误差（S.E.）	临界比（C.R.）
能力信任	Q6–1	0.63		
	Q6–2	0.84	0.08	17.00
	Q6–3	0.84	0.08	16.93
	Q6–4	0.88	0.08	17.47
	Q6–5	0.68	0.06	14.38
	Q6–6	0.47	0.09	10.63

4. 关系信任收敛效度分析

从表 6–17 可以得出，关系信任确定性因子分析的收敛效果较理想，所有的测量条款的标准化因子负载均在 0.49~0.86，没有超过或太接近 1，各负荷系数也没有太大的标准误差，说明无违犯现象发生。根据拟合指数判断验证性因子分析模型的整体效度，各项拟合指数拟合优度指标均超过建议值。绝对拟合指数 χ^2/df = 4.68，GFI = 0.98，AGFI = 0.94，RMSEA = 0.078，各项指标均优于建议值；相对拟合指数

NFI = 0.96，IFI = 0.97，CFI = 0.97 均优于建议值，表示该模型的拟合优度表现出了较好的收敛效度，因此测量模型是有效的。

表 6-17 关系信任收敛效度分析统计

	测量条款	标准化因子负载	标准误差（S.E.）	临界比（C.R.）
关系信任	Q7-1	0.50		
	Q7-2	0.49	0.09	9.06
	Q7-3	0.72	0.10	11.45
	Q7-4	0.86	0.12	12.02
	Q7-5	0.69	0.10	11.17
	Q7-6	0.54	0.09	9.74

5. 工作奉献收敛效度分析

从表 6-18 可以得出，工作奉献确定性因子分析的收敛效果较理想，所有的测量条款的标准化因子负载均在 0.68~0.88，没有超过或太接近 1，各负荷系数也没有太大的标准误差，说明无违犯现象发生。根据拟合指数判断验证性因子分析模型的整体效度，多项拟合指数拟合优度指标均超过建议值。绝对拟合指数 $\chi^2/df = 5.99$，GFI = 0.99，AGFI = 0.95，RMSEA = 0.090，除 RMSEA 值大于 0.08 外，其余各项指标均优于建议值；相对拟合指数 NFI = 0.99，IFI = 0.99，CFI = 0.99 均优于建议值，表示该模型的拟合优度表现出了较好的收敛效度，因此测量模型是有效的。

表 6-18 工作奉献收敛效度分析统计

	测量条款	标准化因子负载	标准误差（S.E.）	临界比（C.R.）
工作奉献	Q8-1	0.76		
	Q8-2	0.88	0.06	20.60
	Q8-3	0.80	0.05	19.56
	Q8-4	0.68	0.05	16.34

6. 任务绩效收敛效度分析

从表 6-19 可以得出，任务绩效确定性因子分析的收敛效果较理想，所有的测量条款的标准化因子负载均在 0.63~0.90，没有超过或太

接近 1，各负荷系数也没有太大的标准误，说明无违犯现象发生。根据拟合指数判断验证性因子分析模型的整体效度，各项拟合指数拟合优度指标均超过建议值。绝对拟合指数 $\chi^2/df=1.46$，GFI = 0.99，AGFI = 0.98，RMSEA = 0.028；相对拟合指数 NFI = 0.99，IFI = 0.99，CFI = 0.99 均优于建议值，表示该模型的拟合优度表现出了较好的收敛效度，因此测量模型是有效的。

表 6-19 任务绩效的收敛效度分析统计

	测量条款	标准化因子负载	标准误差（S.E.）	临界比（C.R.）
任务绩效	Q9-1	0.63		
	Q9-2	0.71	0.06	19.56
	Q9-3	0.90	0.09	17.24
	Q9-4	0.84	0.08	16.89
	Q9-5	0.69	0.09	14.58

7. 人际促进收敛效度分析

从表 6-20 可以得出，人际促进确定性因子分析的收敛效果较理想，所有的测量条款的标准化因子负载均在 0.65~0.83，没有超过或太接近 1，各负荷系数也没有太大的标准误差，说明无违犯现象发生。根据拟合指数判断验证性因子分析模型的整体效度，各项拟合指数拟合优度指标均超过建议值。绝对拟合指数 $x^2/df = 3.91$，GFI = 0.99，AGFI = 0.96，RMSEA = 0.069；相对拟合指数 NFI = 0.99，IFI = 0.99，CFI=0.99 均优于建议值，表示该模型的拟合优度表现出了较好的收敛效度，因此测量模型是有效的。

表 6-20 人际促进收敛效度分析统计

	测量条款	标准化因子负载	标准误差（S.E.）	临界比（C.R.）
人际促进	Q10-1	0.65		
	Q10-2	0.80	0.06	18.53
	Q10-3	0.83	0.07	16.01
	Q10-4	0.79	0.07	15.45
	Q10-5	0.68	0.07	13.71

三、区分效度分析

心理学家 Tuker 指出，一个良好的问卷结构要求维度与总测验的相关在 0.30~0.80，各维度之间的相关在 0.10~0.60。[①] Kerhnger（1986）提出，同一构面中，每一个项目只能在其所属的构面中出现一个大于 0.5 以上的因子负荷值，符合这个条件的项目越多，则量表的区别效度越高。

1. 人际信任区分效度检验

在上文因子收敛效度的分析中，除 Q6-6“我相信大多数同事有提高本部门绩效的能力”、Q7-2“我把自己的隐私告诉同事”两条款的因子负荷分别为 0.477、0.491，稍低于 0.5 水平，其他测量条款的因子负荷都大于 0.5。从表 6-21 可知，人际信任的各因子间的相关系数：品德信任、能力信任和关系信任彼此之间的相关系数介于 0.05~0.57，各维度与总体的相关系数介于 0.61~0.74，除关系信任与品德信任、能力信任的相关系数低于 0.1 的水平外，其他都符合上述区分效度的要求，说明量表具有较好的区分效度。

表 6-21　人际信任区分效度检验统计

	项目数	均值	标准差	*PD*	*NL*	*GXXR*	*RJ*
品德信任（PD）	4	3.99	0.67	(0.82)			
能力信任（NL）	6	3.86	0.69	0.57（***）	(0.86)		
关系信任（GXXR）	6	2.82	0.85	0.05（*）	0.06（*）	(0.80)	
人际信任（RJ）	16	3.56	0.51	0.72（***）	0.74（***）	0.61（***）	(0.80)

注：①*** 表示在 0.01 水平上显著（双尾检验），** 表示在 0.05 水平显著（双尾检验），* 表示在 0.1 水平显著（双尾检验），对角线上括号中为变量的内部一致性系数。

②品德信任简称 PD，能力信任简称 NL，关系信任简称 GXXR，人际信任简称 RJ。

① 戴忠恒. 心理与教育测量［M］. 上海：华东师范大学出版社，1987：262.

2. 工作绩效区分效度检验

在上文因子收敛效度的分析中，工作绩效所有的测量条款都大于0.5，另从表6-22中可知，工作绩效的各因子间的相关系数：工作奉献、任务绩效和人际促进彼此之间的相关系数介于0.45~0.67，各维度与总体的相关系数介于0.80~0.84，基本符合上述区分效度的要求，说明量表具有较好的区分效度。

表6-22　工作绩效区分效度检验

	项目数	均值	标准差	FX	RW	CJ	GZ
工作奉献（FX）	4	4.13	0.71	(0.90)			
任务绩效（RW）	5	4.26	0.59	0.48（***）	(0.91)		
人际促进（CJ）	5	4.27	0.62	0.45（***）	0.67（***）	(0.87)	
工作绩效（GZ）	14	4.22	0.53	0.80（***）	0.84（***）	0.84（***）	(0.91)

注：①** 表示在0.01水平显著（双尾检验），** 表示在0.05水平显著（双尾检验），* 表示在0.1水平显著（双尾检验），对角线上括号中为变量的内部一致性系数。

②工作奉献缩写FX，任务绩效缩写RW，人际促进缩写CJ，工作绩效缩写GZ。

四、内容效度分析

内容效度（Content Validity），又称逻辑效度（Logical Validity）或表面效度（Face Validity），是指该测量工具是否涵盖了它所要测量的某一观念的所有项目（观念），测验的内容是否针对欲测的目的，具有代表性与适当性（黄芳铭，2005），检查由概念到指标的经验推演是否符合逻辑，是否有效（袁方，1997）。其更多的是靠研究者在观念的定义上或者语义上的判断（荣泰生，2005），即内容效度是一种质性的效度，主要依赖于逻辑的处理而非统计的分析，依赖于研究社群对理论定义的认同（黄芳铭，2005）。

本研究所采用的量表基本上借鉴现有的较为成熟的量表编制而成，所参考的在前期经验研究中已为相关专家所认可，同时根据本研究的目的和具体的环境特点，如中国文化的特点，企业的性质等，笔者在现有的量表的基础上进行了一定的调整，并通过向专家请教和员工访谈等方式对设计量表进行了补充，最后经过小样本测试，据此可以认为本研究所采用的量表具有较好的内容效度。

第五节　制度信任、人际信任和工作绩效现状分析

一、制度信任现状分析

对制度信任的 5 个测量条款进行均值为 3.51。表明员工对企业制度信任较高（满分为 5 分）。

人口统计变量对制度信任的影响分析和检验。

本研究对不同的人口统计特征与制度信任进行了独立样本 T 检验和单因素方差分析，各种数据结果的综合整理见表 6-23。

表 6-23　不同人口统计特征的制度信任分析与检验（N=611）

人口统计变量		制度信任	
		均值	标准差
性别	男	3.05	0.65
	女	2.94	0.69
	T 值	1.95	
	P（双尾）	0.059	
年龄	30 岁以下	3.44	0.73
	31~45 岁	3.48	0.65
	46 岁以上	3.66	0.61
	F 值	3.85	
	P	0.022	

续表

人口统计变量		制度信任	
		均值	标准差
学历	高中（含）以下	3.55	0.68
	大专	3.60	0.65
	本科	3.51	0.70
	研究生（含）以上	3.44	0.59
	F 值	1.81	
	P	0.144	
职位	普通职员	3.41	0.65
	基层经理	3.79	0.70
	中层经理	3.90	0.70
	高层经理	4.10	0.52
	F 值	6.05	
	P	0.000	
部门	生产部门	3.57	0.62
	研发部门	6.66	0.69
	管理部门	3.57	0.70
	销售部门	3.65	0.68
	其他部门	3.34	0.66
	F 值	3.77	
	P	0.005	
月收入	1000 元以下	3.43	0.82
	1000~2000 元	3.63	0.63
	2000~4000 元	3.68	0.68
	4000~6000 元	3.72	0.76
	6000 元以上	3.96	0.56
	F 值	1.46	
	P	0.212	
工作年限	3 年以内	3.00	0.68
	4~6 年	3.51	0.68
	7~10 年	4.05	0.64
	10~15 年	3.95	0.70
	15 年以上	4.10	0.62
	F 值	1.74	
	P	0.138	
企业性质	国有企业	3.16	0.67
	民营企业	3.34	0.70
	外资企业	3.71	0.68

续表

人口统计变量		制度信任	
		均值	标准差
企业性质	中外合资企业	3.74	0.64
	股份制	3.80	0.65
	F 值	1.47	
	P	0.207	
企业规模	100 人以下	3.02	0.64
	100~500 人	3.64	0.76
	500~2000 人	3.66	0.58
	2000 人以上	2.89	0.58
	F 值	1.60	
	P	0.171	

（1）性别。按员工性别进行分为两组，通过独立样本 T 检验进行分析，判断员工性别对制度的信任影响是否存在显著差异。由表 6-23 可以看出，在置信度为 95%的情况下，男性和女性在制度信任方面的差异不显著（T=1.18，P=0.277）。

（2）年龄。根据员工的年龄大小情况，本研究将样本划分为三组，分别是 30 岁以下、31~45 岁、46 岁以上。由于分组在三组以上，采用单因素方差分析方法（One-Way ANOVA）进行分析，判断不同的年龄状况对制度信任的影响是否有显著性差异。从表 6-23 可以看出，在置信度为 95%的情况下，年龄状况对制度信任没有显著性差异（F=2.19，P=0.112）。

（3）学历。根据员工的学历不同，在分析中将样本划分为四组，分别是高中、大专、本科及研究生。运用单因素方差分析方法进行分析，判断学历对员工的制度信任的影响是否有显著性差异。从表 6-23 可以看出，在置信度为 95%的情况下，员工学历对员工的制度信任均无显著差异影响。

（4）职位。对于员工在组织中的职位高低，本研究将其分为四类，分别是普通职员、基层经理、中层经理、高层经理（不包括总经理和

董事长）。采用单因素方差分析方法进行分析，判断员工职位对制度信任的影响是否有显著性差异，从表 6–24 可以看出，职位对制度信任有着显著差异影响。采用 Tamhane 法对均值进行分析，发现职位为中层经理的员工其制度信任要高于普通员工。

表 6–24 员工职位对制度信任影响的方差分析统计

	分析方法	职位（I）	职位（J）	均值差异（I–J）	显著性
制度信任	Tamhane	普通职员	中层经理	–0.27（*）	0.002

注：$^*p < 0.1$。

从表 6–24 可以看出，职位对制度信任有着显著差异影响。采用 Tamhane 法对均值进行两两比较分析统计见表 6–25。

表 6–25 员工职位对制度信任影响的方差分析统计

	分析方法	职位（I）	职位（J）	均值差异（I–J）	显著性
制度信任	Tamhane	普通职员	中层经理	–0.39（*）	0.006
		基层经理	中层经理	–0.51（*）	0.004

研究发现，在普通职员、基层经理和中层经理之间，随着职位的提升，对制度信任更加关注。虽然在单因素方差分析中，没有发现高层经理比中层经理的更加重视的制度信任，但从均值来看（见表 6–23）越是高层，其均值越大，高层组织其均值为 4.10，普通职员为 3.41。这在一定程度说明了随着职业的提升，其对制度信任更多。说明职位越高的员工，其对组织有着更多信任感。

（5）月收入。按照员工的月收入情况，本研究将其分为五类，分别是 1000 元以下、1000~2000 元、2000~4000 元、4000~6000 元以及 6000 元以上。采用单因素方差分析方法进行分析，判断不同的收入状况对制度信任的影响是否有显著性差异。从表 6–23 可以看出，在置信度为 95%的情况下，收入状况对制度信任均无显著性影响。

（6）工作年限。按照员工的工作时间的长短，本研究将其分为五类，分别是 3 年以下、4~6 年、7~10 年、10~15 年、15 年以上。采用单因素方差分析方法进行分析，判断不同的工作年限对制度信任的影响是否有显著性差异，发现工作年限对制度信任没有显著性差异影响。

（7）企业性质。对于企业的性质，本研究将其分为五类：国有企业、民营企业、外资企业、中外合资企业和股份制。采用单因素方差分析方法进行分析，判断企业性质对制度信任的影响是否有显著性差异。从表 6-23 可以看出，在置信度为 95%的情况下，企业性质对制度信任的影响有显著性差异（F = 5.52，P = 0.000）。因此，需按样本所属企业性质进行两两分类比较研究。

采用 Tamhane 法对制度信任均值进行分析，结果见表 6-26。研究发现民营企业与外资企业、股份制企业与外资企业在制度信任存在显著差异，这说明企业性质对制度信任产生显著影响，即不同性质的企业其员工制度信任有着较大差异性。

表 6-26　企业性质对制度信任影响的方差分析统计

	分析方法	企业性质（I）	企业性质（J）	均值差异（I–J）	显著性
制度信任	Tamhane	民营企业	外资企业	–0.18（*）	0.017
		国有企业	外资企业	–0.27（*）	0.000

（8）部门。对于员工所在的具体工作部门，本研究将其分为五类，分别是生产部门、研发部门、管理部门、销售部门、其他部门，采用单因素方差分析方法进行分析，判断工作部门对制度信任的影响是否有显著性差异。发现员工所在的具体工作部门对制度信任的影响没有显著性差异。

（9）企业规模。对于员工所在的企业，本研究按人数将其分为四组，分别是 100 人以下、100~500 人、500~2000 人和 2000 人以上。采用单因素方差分析方法进行分析，判断企业规模对制度信任的影响是否有显著性差异。从表 6-23 可以看出，在置信度为 95%的情况下，员工所在企业对制度信任的影响有显著性差异（F = 3.99，P = 0.003）。

采用 Tamhane 法对制度信任均值进行两两比较，结果见表 6-27，

发现企业人数在 100 人以下和超过 2000 人时，企业员工制度信任会降低，在 500~2000 人，制度信任会加强。显示小企业的人治现象更浓，超过 2000 人的大企业，机构臃肿，信息过滤，由此员工制度信任不高。

表 6-27 企业规模对制度信任影响的方差分析统计

	分析方法	企业规模（I）	企业规模（J）	均值差异（I-J）	显著性
制度信任	Tamhane	100 人以下	500~2000 人	-0.24（*）	0.010
		500~2000 人	2000 人以上	0.38（*）	0.002

二、同事人际信任现状分析

1. 人际信任均值分析

对人际信任的 16 个测量条款进行均值分析，统计结果见表 6-10。

从总体看，人际信任的均值为 3.56，说明员工之间的信任较高。按三种人际信任的得分均值（见表 6-28）进行排序，第一位品德信任（均值 3.99），第二位是能力信任（均值 3.86），关系信任的均值最低（均值 2.82）。这说明企业中员工信任更多地取决于个人品德和能力，从这里也反映出了中国人对品德的看重，与传统重视德行的观点一致。而对于由于彼此特殊交情产生的信任认同感不高，这也可能反映了现在企业中人际私交关系弱化的趋势。

表 6-28 人际信任均值统计

品德信任	能力信任	关系信任	人际信任
3.99	3.86	2.82	3.56

品德信任的总体均值为 3.99，得分较高。表明大多数员工对其同事的工作精神和责任感认同感较高，也说明了品德信任在同事共事中的重要性。从各维度的得分均值来分析，在测量品德信任 4 个条款中，“我认可大多数同事的工作价值观”测量条款的得分相对较低，得分为 3.80。“我认为大多数的同事具有可靠的工作道德”、“我相信大多数的同事会对工作认真负责”两个条款得分相对较高（两者一致，为 4.08），

这说明同事之间的人际信任更多来源于工作要求和平时的为人，而人与人深层次的交流如涉及价值观的沟通较少或认同度不高。这或许反映了中国人求同存异的思维，反映了中国人“话只说三分，不可全抛一片心”的防人之心的心理。

能力信任的均值为3.86，得分较高，说明了大多数员工对其同事的工作能力持肯定态度，也表明了能力在企业同事中人际信任的重要性。在测量能力信任的6个条款中，得分最高的是“我相信大部分的同事能够完成他们的工作”（均值=4.10）条款，得分最低的是“我相信大多数同事有提高本部门绩效的能力”（均值=3.52）条款，这说明大多数员工认为其同事具备胜任现在的本职工作的能力，相比之下，对其能否提高本部门的绩效的能力持不确定的看法，这说明了同事之间可能存在能力上竞争的心理状态。

关系信任的均值最低，均值得分2.82，还没有达到及格水平（总体5分），这表明在企业中关系信任现象不是很强势，从关系信任的测量条款所包含的意思来看，私交关系主要体现在经济和私密信息的共享等方面，这对于大多数人而言，私交存在的范围不会大，符合现实。从此推断，这也间接反映了本调查的质量较高。如测量条款“我可以借一大笔钱给同事，且不立字据”，均值得分2.50，得分较低。经济的交往直接表明了彼此的私交的信任，经济和隐私得分较低，一方面说明了企业中员工更加理性处理同事之间的联系，另一方面也反映了同事之间的关系信任程度不高。

综上所述，企业中员工普遍具有的信任是品德信任和能力信任，关系信任存在范围较小。企业经营对员工有着具体的要求，这或许反映企业中人际信任的特征。

2. 人际信任累积解释力分析

本研究所得到的人际信任三种维度按解释力度排序依次为能力信任（32.04%）、关系信任（19.61%）和品德信任（9.77%）。研究结果

显示了中国文化背景下的企业人际信任具有突出能力导向，注重彼此私交的特点。按解释力来看，人际信任之间解释力最强的是能力信任。这种情况的原因与组织的性质及个人加入组织的目的有关。个体加入组织是抱着实现经济和自我价值的目的，在企业盈利本质的驱动下，在日益剧烈的竞争中，市场实行优胜劣汰的游戏规则，企业的成败直接关联着每个个体的目标的实现程度，由此可推知同事之间最重要的是能力信任。从累积解释力来分析，关系信任远大于品德信任。这说明了私交这种行为对人际信任产生的深刻影响，说明了在中国人际信任中，特殊主义的信任依旧有着重要影响。这种信任排序印证了中国人用人的特点，既要照顾亲情，同时又要有能力。

3. 人口统计变量对人际信任的影响分析和检验

本研究对不同的人口统计特征与品德信任、能力信任、关系信任和人际信任进行了独立样本 T 检验和单因素的方差分析，各种数据的结果综合整理见表 6–29。

表 6–29　不同人口统计特征的人际信任分析与检验（N=611）

人口统计变量		品德信任		能力信任		关系信任		总体人际信任	
		均值	标准差	均值	标准差	均值	标准差	均值	标准差
性别	男	4.01	0.66	3.88	0.67	0.903	0.54	3.57	0.51
	女	3.96	0.65	3.82	0.71	0.808	0.36	3.53	0.50
	T 值	0.44		0.95		0.370		0.98	
	P（双尾）	0.763		0.339		0.712		0.323	
年龄	30 岁以下	3.94	0.71	3.92	0.62	2.98	0.76	3.62	0.49
	30~45 岁	3.96	0.67	3.76	0.72	2.71	0.87	3.48	0.51
	46 岁以上	4.08	0.60	3.92	0.70	2.82	0.91	3.61	0.54
	F 值	1.56		4.04		5.63		5.12	
	P	0.210		0.018		0.004		0.006	
学历	高中（含）以下	4.00	0.65	3.77	0.69	2.58	0.87	3.45	0.49
	大专	3.94	0.72	3.89	0.73	2.98	0.81	3.61	0.53
	本科	3.97	0.64	3.90	0.64	3.06	0.73	3.64	0.51
	研究生（含）以上	4.16	0.54	4.09	0.58	2.88	0.95	3.71	0.37
	F 值	0.89		2.88		13.36		6.72	
	P	0.445		0.035		0.000		0.000	

续表

人口统计变量		品德信任		能力信任		关系信任		总体人际信任	
		均值	标准差	均值	标准差	均值	标准差	均值	标准差
职位	普通职员	4.01	0.60	3.81	0.65	2.68	0.83	3.50	0.47
	基层经理	4.04	0.70	4.00	0.78	3.03	0.88	3.69	0.56
	中层经理	3.85	0.75	3.83	0.70	2.94	0.82	3.54	0.55
	高层经理	4.06	0.85	3.90	0.80	3.07	0.93	3.68	0.53
	F 值	1.95		2.03		6.72		4.35	
	P	0.119		0.107		0.000		0.005	
部门	生产部门	4.07	0.65	3.91	0.60	2.77	0.81	3.59	0.46
	研发部门	3.96	0.79	4.07	0.78	2.95	1.04	3.66	0.55
	管理部门	3.91	0.75	3.88	0.72	2.99	0.82	3.60	0.56
	销售部门	4.00	0.62	3.99	0.53	2.91	0.83	3.61	0.47
	其他部门	3.98	0.59	3.66	0.70	2.61	0.86	0.50	
	F 值	1.15		5.56		4.57		4.36	
	P	0.316		0.000		0.001		0.002	
月收入	1000 元以下	4.05	0.75	4.01	0.60	2.62	1.02	3.57	0.56
	1000~2000 元	3.96	0.66	3.77	0.71	2.78	0.84	3.51	0.49
	2000~4000 元	3.97	0.68	3.89	0.67	2.89	0.81	3.59	0.54
	4000~6000 元	4.12	0.67	4.08	0.67	2.90	0.73	3.70	0.53
	6000 元以上	4.14	0.53	4.0	0.67	2.91	0.01	3.67	0.43
	F 值	0.82		3.12		1.241		1.77	
	P	0.511		0.015		0.292		0.132	
工作年限	3 年以内	4.02	0.66	3.85	0.68	2.79	0.80	3.54	0.47
	4~6 年	4.06	0.59	3.77	0.76	2.59	0.86	3.48	0.52
	7~10 年	3.84	0.70	3.78	0.68	2.96	0.92	3.49	0.55
	10~15 年	3.97	0.78	4.04	0.59	2.87	0.86	3.63	0.54
	15 年以上	3.98	0.68	4.09	0.60	3.08	0.79	3.72	0.51
	F 值	2.20		2.87		4.55		2.18	
	P	0.067		0.022		0.001		0.070	
企业性质	国有企业	4.02	0.68	3.98	0.65	3.09	0.70	3.70	0.52
	民营企业	4.05	0.62	3.90	0.60	2.45	0.87	3.45	0.46
	外资企业	3.92	0.70	3.94	0.56	3.07	0.71	3.64	0.43
	中外合资企业	4.21	0.63	4.22	0.54	2.68	0.95	3.65	0.55
	股份制	3.91	0.68	3.54	0.84	2.76	0.93	3.40	0.56
	F 值	1.73		11.49		14.75		8.76	
	P	0.140		0.000		0.000		0.000	
企业规模	100 人以下	3.99	0.77	3.82	0.66	2.65	0.92	3.50	0.53
	100~500 人	3.95	0.62	3.92	0.58	2.75	0.88	3.55	0.46
	500~2000 人	4.01	0.65	3.79	0.81	3.00	0.75	3.62	0.54
	2000 人以上	4.12	0.57	3.76	0.82	3.04	0.70	3.62	0.51
	F 值	0.86		1.54		5.95		1.93	
	P	0.461		0.203		0.001		0.122	

（1）性别。按员工性别进行分为两组，通过独立样本 T 检验进行分析，判断员工性别对人际信任的影响是否存在显著差异。由表 6-30 可以得知，在置信度为 95%的情况下，男性和女性在信任方面差异不显著（T=0.98，P=0.323）。

（2）年龄。根据员工的年龄大小情况，本研究将样本划分为三组，分别是 30 岁以下、31~45 岁、46 岁以上。由于分组在三组以上，采用单因素方差分析方法（One-Way ANOVA）进行分析，判断不同的年龄状况对员工人际信任的影响是否有显著性差异。从表 6-29 可以看出，在置信度为 95%的情况下，年龄状况对能力信任、关系信任和人际信任的影响有显著性差异。

采用 Tamhane 法对人际信任均值做两两比较。统计结果见（表 6-30），发现年龄处于 30 岁以下的员工的人际信任与 30~45 岁的人际信任有着较明显区别，而 30 岁以下的人际信任与 46 岁以上的人际信任区别却不显著。从年龄段上分析人际信任的均值，其中 30~45 岁的人际信任均值相比之下最低，得分 3.48，而其他两级别的得分相近，得分分别为 3.62 和 3.61。出现这种原因可能与承担的工作任务有关。从企业员工分配的工作来看，在企业中担任管理职务的人员大多处于 30~45 岁，这种工作可能对其人际信任产生影响，下文职位对人际信任的显著性影响证实了此推测。

表 6-30 员工年龄对人际信任影响的方差分析统计

	分析方法	年龄（I）	年龄（J）	均值差异（I-J）	显著性
人际信任	Tamhane	30 岁以下	30~45 岁	0.15（*）	0.033

（3）学历。根据员工的学历不同，在分析中将样本划分为四组，分别是高中、大专、本科及研究生。运用单因素方差分析方法进行分析，判断学历对员工人际信任的影响是否存在显著性差异。从表 6-29 可以看出，在置信度为 95%的情况下，员工学历对员工能力信任、关系信任和人际信任的影响均有显著差异，对员工品德信任影响没有显

著性差异。

采用 Tamhane 法对人际信任的均值进行两两比较，数据分析结果见表 6–31。

表 6–31 员工学历对人际信任影响的方差分析统计

	分析方法	学历（I）	学历（J）	均值差异（I–J）	显著性
人际信任	Tamhane	高中（含）以下	大专	–0.16（*）	0.010
			本科	–0.19（*）	0.003
			研究生	–0.25（*）	0.017

从表 6–31 发现，高中（含）以下学历的员工与大专、本科和研究生学历的员工在人际信任上存在较大区别，而大专、本科和研究生学历层次的员工人际信任没有明显区别，根据学历的层次分四组来分析，随着学历层次的提高，其均值随之增长。这说明学历越高，人与人之间的信任越容易建立。

（4）职位。对于员工在组织中的职位高低，本研究将其分为四类，分别是普通职员、基层经理、中层经理、高层经理。采用单因素方差分析方法进行分析，判断员工职位对人际信任的影响是否有显著性差异，从表 6–29 可以看出，职位对着人际信任的影响有显著差异（F = 4.35，P = 0.005），对品德信任和能力信任的影响没有显著差异。

采用 LSD 方法对品德信任和能力信任分别进行分析，结果见表 6–32。数据显示普通职员与中层经理、基层经理与中层经理在能力、品德信任上存在明显差异。这其中原因可能是因为各层次员工承担的任务不同，说明了员工的职位不同对其同事的能力和品德的要求也不同。

表 6–32 员工职位对品德信任和能力信任的方差分析统计

	分析方法	职位（I）	职位（J）	均值差异（I–J）	显著性
品德信任	LSD	普通职员	中层经理	0.15（*）	0.031
		基层经理	中层经理	0.18（*）	0.043
能力信任		普通职员	基层经理	–0.18（*）	0.016

采用 Tamhane 法对能力信任均值两两比较，结果见表 6-33。发现普通职员与基层经理在能力信任方面存在显著差异，这或许反映了员工工作职能对其同事的能力和品德的要求也不同。

表 6-33 员工职位对能力信任影响的方差分析统计

	分析方法	职位（I）	职位（J）	均值差异（I-J）	显著性
能力信任	Tamhane	普通职员	基层经理	-0.19（*）	0.014

（5）月收入。按照员工的月收入情况，本研究将其分为五类，分别是 1000 元以下、1000~2000 元、2000~4000 元、4000~6000 元以及 6000 元以上。采用单因素方差分析方法进行分析，判断不同的收入状况对员工人际信任的影响是否有显著性差异。从表 6-29 可以看出，在置信度为 95%的情况下，收入状况对人际信任的影响没有显著性差异（F = 1.77，P = 0.132），但从人际信任的子域——能力信任来看，收入状况对其有影响。

采用 Tamhane 法对能力信任均值进行分析，结果见表 6-34。

表 6-34 员工月收入对能力信任影响的方差分析统计

	分析方法	月收入（I）	月收入（J）	均值差异（I-J）	显著性
能力信任	Tamhane	1000 元以下	1000~2000 元	-0.19（*）	0.014

（6）工作年限。按照员工的工作时间的长短，本研究将其分为五组，分别是 3 年以下、3~6 年、7~10 元、10~15 年、15 年以上。采用单因素方差分析方法进行分析，判断不同的工作年限对员工人际信任影响是否有显著性差异。如表 6-29 所示。

从总体上看，在置信度为 95%的情况下，工作年限对人际信任无显著性影响（F=2.182，P=0.070），从人际信任的子域来看，工作年限对能力信任和关系信任的影响有显著性差异。

采用 Tamhane 法对能力信任和关系信任均值进行分析，结果见表 6-35。发现工作年限为 4~6 年的员工与工作年限为 15 年以上的员工在能力信任上有显著差异，这表明随着工作年限的增加，员工彼此之间能力了解越深，对其能力方面的信任度也随之增加。在关系信任方面工作年限为4~6年员工与工作年限为7~10年员工在关系信任方面存在显著差异，这或许反映了随着大家彼此了解的加深，企业中关系信任的影响会减弱。

表6-35 员工工作年限对能力信任、关系信任影响的方差分析统计

	分析方法	工作年限（I）	工作年限（J）	均值差异（I-J）	显著性
能力信任	Tamhane	4~6年	15年以上	-0.32（*）	0.040
		7~10年	15年以上	-0.30（*）	0.046
关系信任		4~6年	7~10年	0.36（*）	0.011

（7）组织性质。对于企业的性质，本研究将其分为五类：国有企业、民营企业、外资企业、中外合资企业和股份制。采用单因素方差分析方法进行分析，判断企业性质对员工人际信任的影响是否有显著性差异。从表6-29可以看出，在置信度为95%的情况下，企业性质对员工人际信任的影响有显著性差异（F=8.76，P=0.000）。因此，需按样本所属企业性质进行两两分类比较研究。

采用Tamhane法对人际信任均值进行分析，结果见表6-36。研究发现：国有企业与民营企业、股份制企业在人际信任上有着显著差异，国有企业人际信任比民营企业和股份制企业要强。

企业性质对员工人际信任存在显著差异影响，是因为不同性质的企业由于其文化差异，运行机制的不同，这些环境影响着员工之间的人际信任。以企业性质为划分标准，总体而言，国有企业人际信任均值最高，得分为3.70，得分最低的是股份制企业，得分为3.40。数据显示中外合资企业在能力信任和品德信任两方面得分最高，得分为4.22和4.21，而在关系信任方面得分为2.68，排在倒数第二，这说明在中外合资业中，员工更注重其品德和能力方面的要求，而不在意彼此之间的特殊交情，表明人情交往较少。国有企业在关系信任方面的得分为3.09，排在第一，表明国有企业很注重营造关系，这说明了国

有企业人与人之间的关系的重要性。

表 6-36　企业性质对人际信任影响的方差分析统计

	分析方法	企业性质（I）	企业性质（J）	均值差异（I-J）	显著性
人际信任	Tamhane	国有企业	民营企业	0.22（*）	0.001
			股份制	0.29（*）	0.000
		民营企业	外资企业	0.29（*）	0.000
		外资企业	股份制	0.23（*）	0.002

（8）部门。对于员工所在的具体工作部门，本研究将其分为五类，分别是生产部门、研发部门、管理部门、销售部门、其他部门，采用单因素方差分析方法进行分析，判断工作部门对员工人际信任的影响是否有显著性差异。从表 6-29 可以看出，在置信度为 95%的情况下，员工所在的具体工作部门对员工关系的影响没有显著性差异（F＝0.50，P＝4.368）。

采用 LSD 法对人际信任均值进行两两比较，结果见表 6-37，发现其他部门与生产部门、研发部门、管理部门和销售部门两两相比存在差异，从样本来看，考虑到其他部门的数量较大（180 分），是五种类型中数量最多的，对这种方差非齐性本研究在此不做过多探讨。从其他 4 个部门的两两比较结果来看，这 4 个部门数据方差分析都是齐性的。

表 6-37　员工工作部门对人际信任的方差分析统计

	分析方法	部门（I）	部门（J）	均值差异（I-J）	显著性
人际信任	LSD	其他部门	生产部门	-0.16（*）	0.003
			研发部门	-0.23（*）	0.014
			管理部门	-0.17（*）	0.002
			销售部门	-0.21（*）	0.066

（9）企业规模。对于员工所在的企业，本研究按人数将其分为四组，分别是 100 人以下、100~500 人、500~2000 人和 2000 人以上。采用单因素方差分析方法进行分析，判断企业规模对员工人际信任的影

响是否有显著性差异。从表 6-29 可以看出，在置信度为 95%的情况下，员工所在企业对员工人际信任的影响没有显著性差异（F＝1.93，P＝0.122）。但对人际信任的子域关系信任的影响有显著性差异（F＝5.95，P＝0.01）。

采用 Tamhane 法对关系信任均值进行两两比较，结果见表 6-38。发现企业规模人数在 100 人以下的，与人数在 500~2000 人、2000 人以上在关系信任方面有着显著差异。规模在 100 人以下的同事之间的关系信任比规模在 500~2000 人、2000 人以上的企业同事之间的关系信任要弱。

表 6-38 企业规模对关系信任影响的方差分析统计

	分析方法	企业规模（I）	企业规模（J）	均值差异（I-J）	显著性
关系信任	Tamhane	100 人以下	500~2000 人	-0.34（*）	0.002
			2000 人以上	-0.38（*）	0.021

本研究还发现，以企业规模为分类标准，进行均值大小比较，发现随着规模的增大，品德信任、关系信任的均值随之增大，同时其能力信任均值却随之减少，说明随着企业规模的增大，人际信任可能更趋向品德和彼此之间的关系，出现这种现象的原因可能是随着企业规模的增大，管理成本的提高，制度的力量可能会有减少的现象，由此需要文化等软实力来管理企业。

三、员工工作绩效现状分析

1. 员工工作绩效均值分析

前面的因子分析的结果得出中国企业员工工作绩效的三构面模型，即包括任务绩效、人际促进和工作奉献。对工作绩效量表中的 14 个测量条款进行均值分析，统计结果见表 6-10。

（1）企业员工的总体主观工作绩效较高，工作绩效的总体均值为 4.22（总分为 5），从 14 个指标的均值分布来看，绩效水平在最低值

3.94 到最高值 4.39 范围内波动，也就是说，各个指标的分值都较高。从制度信任、人际信任和工作绩效 3 个变量的均值大小来看，工作绩效均值得分最高，这可能与自我报告的调查方式有关。

（2）从三种绩效的均值来看，人际促进的水平最高，均值为 4.27，任务绩效水平次之，均值为 4.26，工作奉献的水平最低，均值为 4.13。各均值的排序与汪新艳（2009）研究结果一致。人际促进的均值最高，这说明同事在帮助和关心同事，营造积极的人际关系方面做得很不错，这与我国传统文化有关，传统文化的核心价值观之一就是强调人际和谐。任务绩效水平较高，说明了员工整体上知识水平、工作技能都较高。但是，在工作的主动性方面，相对于人际促进和任务绩效来说，还有待于进一步提高。任务绩效是员工应该完成的本分工作，而工作奉献是员工工作的主动性，是一种组织公民行为，相比人际促进、任务绩效和工作奉献三者的重要性而言，人际促进是第一位的，任务绩效居其次，工作奉献居后，这种排序是符合中国人对事、对人的关系的重要性理解是一致的。中国人对人际关系是非常敏感并且非常关注的，在单位共事一般不能去得罪人，中国人在共事过程中，人与事是纠结在一起的，得罪了人，工作上的合作都会变得困难（吴钩，2010）。任务绩效是员工的本分工作，应该完成的，而工作奉献的要求对于员工而言则是弹性的。

2. 工作绩效各维度的解释量分析

在探索性因子分析中，本研究得到了在中国背景下三种工作绩效的解释量。工作绩效的总体解释量为 72.41%，其中任务绩效的解释量为 48.44%，人际促进的解释量为 15.60%，工作奉献的解释量为 8.36%。也就是说任务绩效所占权重最大，工作奉献是小。实证结果显示了中国文化影响下的企业中的工作绩效的特点，注重履行自己的工作职责和强调人际和谐，相比之下工作主动性不强。总之，从工作绩效累积解释力的排序来分析，强调了员工注重自己本职工作的完成，同时也关注彼此之间的人际和谐。

3. 不同人口统计特征的员工工作绩效分析

本研究对不同的人口统计特征与工作奉献任务绩效和人际促进进行独立样本 T 检验和单因素方差分析，各种数据的结果综合整理见表 6–39。

表 6–39 不同人口统计特征的工作绩效分析检验（N=611）

人口统计变量		工作奉献		任务绩效		人际促进		总体工作绩效	
		均值	标准差	均值	标准差	均值	标准差	均值	标准差
性别	男	4.18	0.69	4.29	0.55	4.31	0.57	4.26	0.49
	女	4.05	0.74	4.21	0.64	4.22	0.67	4.16	0.57
	T 值	2.20		2.68		2.51		2.32	
	P（双尾）	0.28		0.102		0.061		0.021	
年龄	30 岁以下	4.08	0.72	4.21	0.69	4.18	0.75	4.16	0.63
	30~45 岁	4.07	0.76	4.27	0.56	4.25	0.58	4.19	0.50
	46 岁以上	4.32	0.52	4.31	0.53	4.44	0.46	4.36	0.41
	F 值	5.22		1.04		6.07		5.08	
	P	0.006		0.352		0.002		0.006	
学历	高中（含）以下	4.12	0.75	4.23	0.60	4.26	0.61	4.20	0.53
	大专	4.09	0.65	4.26	0.58	4.29	0.62	4.21	0.51
	本科	4.17	0.73	4.33	0.57	4.29	0.62	4.26	0.54
	研究生（含）以上	4.07	0.98	4.28	0.67	4.12	0.69	4.16	0.49
	F 值	0.33		0.86		0.63		0.49	
	P	0.803		0.457		0.594		0.690	
职位	普通职员	4.06	0.75	4.22	0.59	4.23	0.61	4.17	0.53
	基层经理	4.35	0.56	4.44	0.48	4.46	0.54	4.42	0.43
	中层经理	4.13	0.66	4.24	0.61	4.26	0.66	4.21	0.54
	高层经理	4.04	0.79	4.14	0.77	4.13	0.77	4.10	0.68
	F 值	4.33		3.92		4.40		6.14	
	P	0.005		0.009		0.004		0.000	
部门	生产部门	4.13	0.71	4.36	0.480	4.36	0.473	4.28	0.410
	研发部门	4.12	0.67	4.28	0.64	4.26	0.84	4.22	0.60
	管理部门	4.15	0.72	4.31	0.62	4.31	0.64	4.25	0.56
	销售部门	4.14	0.71	4.31	0.70	4.23	0.65	4.23	0.60
	其他部门	4.08	0.74	4.11	0.59	4.18	0.65	4.12	0.55
	F 值	0.19		4.13		2.18		2.09	
	P	0.943		0.003		0.069		0.080	

续表

人口统计变量		工作奉献		任务绩效		人际促进		总体工作绩效	
		均值	标准差	均值	标准差	均值	标准差	均值	标准差
月收入	1000 元以下	4.18	0.70	4.25	0.65	4.16	0.82	4.19	0.64
	1000~2000 元	4.13	0.71	4.23	0.58	4.26	0.57	4.21	0.50
	2000~4000 元	4.02	0.74	4.29	0.59	4.28	0.63	4.20	0.54
	4000~6000 元	4.37	0.53	4.50	0.58	4.46	0.57	4.44	0.48
	6000 元以上	4.10	0.82	4.19	0.62	4.20	0.70	4.16	0.60
	F 值	1.79		1.60		1.27		1.46	
	P	0.128		0.173		0.278		0.211	
工作年限	3 年以内	4.20	0.68	4.27	0.59	4.25	0.62	4.24	0.53
	4~6 年	3.95	0.86	4.28	0.55	4.34	0.59	4.19	0.50
	7~10 年	4.13	0.70	4.24	0.64	4.22	0.65	4.20	0.59
	10~15 年	4.07	0.63	4.15	0.57	4.21	0.65	4.14	0.55
	15 年以上	4.19	0.048	4.27	0.57	4.37	0.50	4.27	0.46
	F 值	2.67		0.36		1.04		0.52	
	P	0.031		0.831		0.385		0.719	
企业性质	国有企业	4.09	0.68	4.30	0.58	4.23	0.63	4.20	0.56
	民营企业	4.02	0.76	4.28	0.58	4.32	0.60	4.21	0.48
	外资企业	4.30	0.68	4.34	0.69	4.30	0.69	4.31	0.60
	中外合资企业	3.85	0.78	4.36	0.55	4.38	0.42	4.20	0.46
	股份制企业	4.19	0.68	4.15	0.50	4.25	0.56	4.20	0.48
	F 值	3.70		2.11		0.64		1.03	
	P	0.006		0.077		0.633		0.390	
企业规模	100 人以下	4.13	0.78	4.36	0.53	4.36	0.59	4.28	0.49
	100~500 人	4.11	0.66	4.27	0.64	4.23	0.66	4.21	0.58
	500~2000 人	4.04	0.70	4.16	0.53	4.20	0.57	4.13	0.50
	2000 人以上	4.52	0.63	4.24	0.67	4.40	0.64	4.39	0.54
	F 值	5.44		3.17		2.64		3.62	
	P	0.001		0.024		0.048		0.013	

（1）性别。按员工性别进行分为两组，通过独立样本 T 检验进行分析，判断员工性别对工作绩效影响是否存在显著差异。由表 6–39 可以得知，在置信度为 95%的情况下，男性和女性在工作绩效方面差异显著（T = 2.32，P = 0.021）。性别对工作绩效有显著影响，结合工作绩效均值的大小来分析，发现男性工作绩效高于女性工作绩效。

（2）年龄。根据员工的年龄大小情况，本书将样本划分为三组，分别是 30 岁以下、31~45 岁、46 岁以上。由于分组在三组以上，采用单因素方差分析方法（One-Way ANOVA）进行分析，判断不同的年龄状况对员工工作绩效的影响是否有显著性差异。从表 6-39 可以看出，在置信度为 95%的情况下，年龄状况对员工工作绩效的影响具有显著性差异（F=5.08，P=0.006）。

采用 Tamhane 法对工作绩效均值做两两比较，结果见表 6-40。发现 46 岁以上员工的工作绩效与 30 岁以下、30~45 岁员工的工作绩效有显著性差异。结合工作绩效的均值来分析，随着年龄的增长，工作绩效也随之增长，这可能是员工年龄越大，其对组织的忠诚度会更高，从而更专心工作。

表 6-40　员工年龄对工作绩效影响的方差分析统计

	分析方法	年龄（I）	年龄（J）	均值差异（I-J）	显著性
工作绩效	Tamhane	46 岁以上	30 岁以下	0.20（*）	0.062
			30~45 岁	0.16（*）	0.004

（3）学历。根据员工的学历不同，在分析中将样本划分为四组，分别是高中、大专、本科及研究生。运用单因素方差分析方法进行分析，判断学历对员工的工作绩效的影响是否有显著性差异。从表 6-39 可以得知，在置信度为 95%的情况下，员工学历对员工工作绩效均无显著差异影响（F=0.49，P=0.690）。由于本研究测的都是主观绩效，从主观层面来看，反映出员工对各自工作信心；从客观层面来看，这可能反映出各层次的员工工作胜任力都比较符合岗位的要求。

（4）职位。对于员工在组织中的职位高低，本研究将其分为四类，分别是普通职员、基层经理、中层经理、高层经理。采用单因素方差分析方法进行分析，判断员工职位对工作绩效的影响是否有显著性差异，结果见表 6-39。

从表 6-39 可以得出，职位对工作绩效的影响存在显著差异（F=6.14，P=0.000）。采用 Tamhane 法对均值进行分析，统计结果见表 6-41。

发现普通职员与基层经理在工作绩效方面有显著性差异。

表 6-41 员工职位对工作绩效影响的方差分析统计

	分析方法	职位（I）	职位（J）	均值差异（I-J）	显著性
工作绩效	Tamhane	普通职员	基层经理	-0.24（*）	0.000

（5）月收入。按照员工的月收入情况，本研究将其分为五类，分别是 1000 元以下、1000~2000 元、2000~4000 元、4000~6000 元以及 6000 元以上。采用单因素方差分析方法进行分析，判断不同的收入状况对员工工作绩效影响是否有显著性差异。从表 6-39 可以得知，在置信度为 95%的情况下，收入状况对工作绩效没有显著性影响（F = 1.46，P = 0.211）。因此，无须对样本按员工月收入分组进行两两之间的比较研究。

（6）工作年限。按照员工的工作时间的长短，本研究将其分为五类，分别是 3 年以下、4~6 年、7~10 年、10~15 年、15 年以上。采用单因素方差分析方法进行分析，判断不同的工作年限对员工工作绩效的影响是否有显著性差异。从表 6-39 可以看出，在置信度为 95%的情况下，工作时间对工作绩效的影响没有显著性影响。因此，无须对样本按员工工作年限分组进行两两之间的比较研究。

（7）企业性质。对于企业的性质，本研究将其分为五类：国有企业、民营企业、外资企业、中外合资企业和股份制企业。采用单因素方差方法进行分析，判断企业性质对员工的关系的影响是否有显著性差异。从表 6-39 可以看出，在置信度为 95%的情况下，企业性质对员工的工作绩效的影响没有显著性差异（F = 1.03，P = 0.390）。从工作绩效的子域工作奉献的方差分析来看，民营企业与外资企业的员工工作绩效存在显著性差异。采用 Tamhane 法对工作奉献均值进行分析，统计结果见表 6-42。发现民营企业与外资企业在工作奉献方面有显著性差异。从均值来看，民营企业工作奉献高于外资企业。这可能表明民营企业“家”意识强于外资企业。出现这种情况的原因可能是民营企业员工对组织的认同感高于外资企业。

表 6-42 企业性质对工作奉献影响的方差分析统计

	分析方法	企业性质（I）	企业性质（J）	均值差异（I-J）	显著性
工作奉献	Tamhane	民营企业	外资企业	0.27（*）	0.016

（8）部门。对于员工所在的具体工作部门，本研究将其分为五类，分别是生产部门、研发部门、管理部门、销售部门、其他部门，采用单因素方差分析方法进行分析，判断工作部门对员工工作绩效的影响是否有显著性差异。从表 6-39 可以看出，在置信度为 95%的情况下，员工所在的具体工作部门对员工工作绩效的影响没有显著性差异（F = 2.09，P = 0.080）。因此，无须对样本按员工工作部门分组进行两两之间的比较研究。

（9）企业规模。对于员工所在的企业，本研究按人数将其分为四组，分别是 100 人以下、100~500 人、500~2000 人和 2000 人以上。采用单因素方差分析方法进行分析，判断企业规模对员工工作绩效的影响是否有显著性差异。从表 6-39 可以看出，在置信度为 95%的情况下，员工所在企业对员工工作绩效的影响有显著性差异（F=3.626，P= 0.013）。

采用 Tamhane 法对工作绩效均值进行分析，统计结果见表 6-43。发现规模在 100 人以下与规模在 500~2000 人的企业员工在工作绩效方面有显著性差异。

表 6-43 企业规模对工作绩效影响的方差分析统计

	分析方法	企业规模（I）	企业规模（J）	均值差异（I-J）	显著性
工作绩效	Tamhane	100 人以下	500~2000 人	0.14（*）	0.048

四、假设检验

1. 人际信任对工作绩效的回归分析

以品德信任、能力信任和关系信任为自变量，工作奉献、任务绩效和人际促进为因变量进行回归分析，结果见表 6-44。

表 6-44 品德信任、能力信任和关系信任对工作奉献、任务绩效、人际促进回归结果

	工作奉献	任务绩效	人际促进
品德信任	0.327***	0.268***	0.333***
能力信任	0.299***	0.414***	0.338***
关系信任	0.145**	0.111*	

注：*** 表示 $p<0.001$，** 表示 $p<0.01$，* 表示 $p<0.05$。

品德信任对工作奉献有着较强的预测效用（$\beta=0.327$，$p=0.000$）。验证了假设 H1-1 员工感知自己与同事之间品德信任越高，其工作奉献意识越强。表明员工之间的品德信任对员工的工作主动性有着显著的影响，即员工对其同事有着越高的道德方面的信任，员工的工作行为会表现出更多的工作主动性，验证了品德行为在企业经营过程中的作用，反映了中国“德行管理”的特色。

品德信任对任务绩效有着较强的预测作用（$\beta=0.268$，$p<0.001$）。验证了假设 H1-2 员工感知自己与同事之间品德信任越高，其任务绩效越高。表明同事之间的道德操行对员工任务绩效具有积极显著影响，即同事之间良好的道德操行会促进员工任务绩效水平的提升。验证了德行管理的效用。

品德信任对人际促进有着较强的预测作用（$\beta=0.333$，$p<0.001$），验证了假设 H1-3 员工感知自己与同事之间品德信任越高，其会产生更多的人际促进行为。与品德信任对工作绩效、任务绩效的影响比较，其对人际之间的和谐影响更大，这表明同事的品德操守更多体现在人与人共处方面。

能力信任对工作奉献有着较强预测作用（$\beta=0.299$，$p<0.001$），

验证了假设 H1-5 员工感知自己与同事之间的能力信任越高，其工作奉献意识越强。表明同事的工作能力强会对信任者产生一定的工作积极主动性、组织公民行为等。能力信任对任务绩效具有较强预测作用（$\beta=0.414$，$p<0.001$），验证了假设 H1-6 员工感知自己与同事之间的能力信任越高，其任务绩效越好。这表明同事之间的能力信任对信任者完成自身的工作具有较强的影响，这也表明在组织中，成员之间的能力认可对自身的工作产出非常重要。能力信任对人际促进具有较强预测作用（$\beta=0.338$，$p<0.001$），验证了 H1-7 员工感知自己与同事之间的能力信任越高，其越会产生人际促进行为。这表明在同一组织中，同事的能力水平如何会影响信任者与被信任者之间的交往，这佐证了古语“惺惺相惜”的说法。比较能力信任对工作绩效各维度的影响，发现能力信任对任务绩效的影响最大，对工作奉献绩效的影响最小，而品德信任对工作奉献的影响最大，这也给管理者提出一些思考，既要注重员工能力的提升，同时也要注重员工品德修养的提升，因为这两方面对个体工作绩效的影响都较大。

关系信任对工作奉献具有一定预测作用（$\beta=0.145$，$p<0.05$），验证了 H1-9 员工感知自己与同事之间的关系信任越好，其工作奉献意识越强。表明同事之间的私交会促进员工的工作积极性，关系信任对任务绩效具有一定的预测作用（$\beta=0.111$，$p<0.05$），验证了 H1-10 员工感知自己与同事之间的关系信任越好，其任务绩效越高。这印证了中国组织“准家”的特色，做人与做事相关联。

比较人际信任三种维度对工作绩效的影响，本研究发现能力信任已经在组织的同事信任里占据着主要地位，其次是品德信任，再次是关系信任，这种现状反映出同事之间对能力的看重，这是在组织里生存的基础。

2. 制度信任对工作绩效回归分析

制度信任对工作绩效的影响。对制度信任和工作绩效的数据去中

心化后，进行回归，其结果见表 6–45。

表 6–45 制度信任对工作奉献、任务绩效和人际促进回归分析结果

	工作奉献	任务绩效	人际促进
制度信任	0.340***	0.278***	0.322***

注：*** 表示 $p<0.001$，** 表示 $p<0.01$，* 表示 $p<0.05$。

从表 6–45 可以看出，制度信任对工作奉献具有较强的预测作用（$\beta=0.340$，$p<0.001$），表明如果员工对制度的信任较强，那么员工工作积极性会变高。制度信任对任务绩效具有较强的预测作用（$\beta=0.278$，$p<0.001$），表明员工对高管的信任有助于其完成本岗位的工作，也显示制度信任对员工人际促进有较强的影响（$\beta=0.322$，$p<0.001$），即在制度的影响下，员工之间的和谐会更好。相比较制度信任对工作绩效的影响，发现制度信任对员工工作奉献行为的影响最大，对员工完成本职工作影响最小，这一结论与平常所理解的制度更有利于保障本职工作的完成相悖，这里可能显示出对有着制度保障，人们对各自的行为有着更明确的认识，从而减轻人际关系，有利于人际之间的沟通。

3. 制度信任对品德信任与任务绩效调节效用检验

本研究主要研究制度信任对人际信任效用的调节效应，因此采用调节效应研究中最常用的研究方法——层级回归方法，即在回归分析的第一步放入预测变量：品德信任、能力信任和关系信任；第二步放入调节变量与预测变量的交互项。

表 6–46 制度信任对品德信任与工作奉献、任务绩效和人际促进的调节效应

变量	工作奉献		任务绩效		人际促进	
	模型一	模型二	模型一	模型二	模型一	模型二
品德	0.253***	0.078*	0.286***	0.159**	0.409***	0.170**
品德 × 制度信任		0.078**		0.008**		0.012***
调整后 R^2	0.099	0.013	0.076	0.089	0.122	0.151
F 值	50.216	36.262	46.385	27.84	76.936	49.696

注：**、**、* 分别表示在 1%、5%、10%的水平上显著。

从表 6-46 可知，制度信任对品德信任与工作绩效、任务绩效和人际促进的影响具有较强的调节作用。根据 R^2 大小判断，加入制度信任模型解释力更强，R^2 相差值（即模型二 R^2 与模型一 R^2 的差值回归具有显著性。且这说明制度信任有助于提升品德信任，同时也有助于提升个体的工作绩效。

表 6-47　制度信任对能力信任与工作奉献、任务绩效和人际促进的调节效应

变　量	工作奉献		任务绩效		人际促进	
	模型一	模型二	模型一	模型二	模型一	模型二
能力	0.178***	0.010	0.288***	0.181***	0.226***	0.046
能力 × 制度信任		0.008***		0.005***		0.009***
调整后 R^2	0.086	0.129	0.174	0.189***	0.111	0.158
F 值	43.764	34.733	118.360	65.638	69.505	51.796

注：**、**、* 分别表示在 1%、5%、10%的水平上显著。

从表 6-47 可知，制度信任对能力信任与工作奉献、任务绩效和人际促进具有较强的影响。根据 R^2 大小判断，及 R^2 相差值（即模型二 R^2 与模型一 R^2 的差值回归具有显著性。加入制度信任模型的解释力更强，这说明制度信任有助于提升能力信任，同时也有助于提升个体工作绩效。

表 6-48　制度信任对关系信任与工作奉献、任务绩效和人际促进的调节效应

变量	工作奉献		任务绩效		人际促进	
	模型一	模型二	模型一	模型二	模型一	模型二
关系	0.068**	-0.235***	0.063***	-0.153**	0.072**	-0.235***
关系 × 制度信任		0.016***		0.011***		0.016***
调整后 R^2	0.017	0.090	0.011	0.044	0.016	0.087
F 值	8.740	23.325	7.074	13.856	9.717	27.109

注：**、**、* 分别表示在 1%、5%、10%的水平上显著。

从表 6-48 可知，制度信任对关系信任与工作奉献、任务绩效和人际促进有着明显的调节效应，根据 R^2 大小判断，加入制度信任模型的解释力更强，这说明制度信任有助于提升能力信任，同时也有助于提

升个体工作绩效。

从表 6–46、表 6–47、表 6–48 可见，制度信任对关系信任与工作奉献、任务绩效和人际促进之间的影响具有调节效应。根据 R^2 大小判断，加入制度信任模型解释力更强，这说明制度信任有助于提升人际信任，同时也有助于提升个体的工作绩效。这说明高层对组织制度的建设，维护一个公平、公正的管理制度对组织的发展具有重要的作用。

4. 调节作用分析结果及假设检验结果

通过层次回归分析表明，制度信任对人际信任与工作绩效起调节作用，综上所述，本书假设结果验证见表 6–49。

表 6–49　调节作用假设检验结果

假设	假设内容	假设类型
H1	人际信任对工作绩效有直接影响	验证性
H1–1	员工感知自己与同事之间品德信任越高，其工作奉献意识越强	成立
H1–2	员工感知自己与同事之间品德信任越高，其任务绩效越高	成立
H1–3	员工感知自己与同事之间品德信任越高，其会产生更多的人际促进行为	成立
H1–4	员工感知同事人际信任会与知识创新正相关	不成立
H1–5	员工感知自己与同事之间的能力信任越高，其工作奉献意识越强	成立
H1–6	员工感知自己与同事之间的能力信任越高，其任务绩效越好	成立
H1–7	员工感知自己与同事之间的能力信任越高，其越会产生人际促进行为	成立
H1–8	员工感知自己同事的能力越强，其工作创新绩效越高	不成立
H1–9	员工感知自己与同事之间的关系信任越好，其工作奉献意识越强	成立
H1–10	员工感知自己与同事之间的关系信任越好，其任务绩效越高	成立
H1–11	员工感知自己与同事之间的关系信任越好，其创新绩效越高	不成立
H2–1	员工感知制度信任度越高，其任务绩效越好	成立
H2–2	员工感知制度信任度越高，其工作奉献意识越强	成立
H2–3	员工感知制度信任度越高，越有利于人际促进	成立
H2–4	员工感知制度信任度越高，员工创新意识越强	不成立
H3	制度信任在人际信任与工作绩效之间的调节作用	成立

第六节　共同方法偏差的检验

在问卷调查时，所有问项在由同一填写者填写的情况下，容易出现共同方法偏差（CMV）问题。因此，本研究对可能产生的共同方法偏差进行了检验。共同方法偏差的统计控制方法有多种，如因子分析法、偏相关法、潜在的误差变量控制法、结构方程模型法等（周浩、龙立荣，2004）。因为本文涉及的变量及路径较多，再将方法偏差作为协变量或潜变量都可能会使模型难以识别，因此本研究采用了 Podsakoff 和 Organ（1986）建议的 Harman 单因子检测方法：即将问卷所有变量项目一起做探索性因子分析，在未旋转（Un-rotated）时得到的第一个主成分，反映了 CMV 的量。这种技术的基本假设是如果方法变异大量存在，进行因子分析时，要么分析出单独一个因子；要么一个公因子解释了大部分变量变异。

本研究将调查问卷中所有 35 个变量项目（其中包括制度信任 5 个、人际信任 16 个以及工作绩效 14 个项目）一起做探索性因子分析，采用主成分抽取特征值大于 1 的因子，在未旋转时得到的因子数为 7 个，累计解释变异量为 54.614%，其中第一个因子只解释了总体变异量的 21.173%，并没有解释大部分变量变异，所以共同方法偏差并不严重。

第七节　小　结

本章通过大样本调查数据对理论模型和相关假设进行了检验，主要工作包括：①通过对所获取的数据进行描述性统计分析（如标准差、偏态和峰度等），确认大样本调查数据基本上是服从正态分布的，适合进行进一步的统计分析。②利用得到的 611 份问卷数据对主要概念的测量模型进行探索性因子分析和验证性分析，验证了关系四维度模型，并运用均数多重比较检验方法对制度信任、人际信任和工作绩效的不同维度在人口学统计变量上存在的差异性进行分析。③采用多层次回归方法，依照判定变量是否起调节作用的条件逐步进行分析，结果表明制度信任在人际信任与工作绩效之间起着调节作用，并对本书提出的假设进行验证。本研究共提出 16 个假设，共有 16 个假设得到支持。④为了避免共同方法偏差过大，影响研究的结果，运用 Harman 单因子检测方法进行检测，得出本研究的共同方法偏差不大的结论，保证了本研究的质量。

第七章　研究结论与展望

第一节　结　论

作为本研究的结论部分，本章对本研究的结论进行概括叙述，并进行讨论。在此基础分析了研究结论对实践的指导作用，并对本研究存在的局限进行了反思，进而对后续研究提出了建议。

（1）组织中人际信任强于制度信任。从人际信任和制度信任均值大小判断，组织中员工更多依赖于人际信任。这显示出中国文化强调人与人建立某种关联的取向，这种取向显示出在组织中做人具有重要意义。

（2）人际信任和制度信任对员工个体工作绩效均具有较强的预测能力。从回归系数来判断，能力信任对个体任务绩效的影响最大（$\beta = 0.414$，$p < 0.001$），关系信任对个体工作绩效的影响最小。这显示出现代组织中员工信任建立的基础，体现出陌生人社会的特征，相信能力和品德，更多体现出普适性的价值观点。

（3）教育程度越高，信任越发容易建立。根据学历的层次分析，随着学历层次的提高，其均值随之增长。这都说明学历越高，人与人之间的信任越容易建立。

（4）制度信任对人际信任与工作绩效均有较强的调节作用。这反映出制度建设及执行的这种非人格化已经得到员工的共识。

第二节 展望及不足

一、展望

对信任负效应的研究较少。卢曼（Luhmann，1988）从一种新功能主义理解信任，认为信任是用来减少社会交往复杂性的机制。它之所以能达到此社会功能是因为它能超越现有的信息去概括出一些行为预期，从而用一种带有保障性的安全感来弥补所需要的信息。卢曼还区分了人际信任与制度信任，前者建立在熟悉度及人与人之间的感情联系的基础上，后者则是用外在的，像法律一类的惩戒式或预防式的机制，来降低社会交往的复杂性。现有研究表明，信任会对工作绩效产生影响，信任缺失会对绩效产生负向影响，但信任程度过高是否也会对工作绩效产生不好的影响，信任的负责效应研究较少。

信任内涵的拓展。巴伯尔（Barber，1983）将信任视为一种通过社会交往所习得和确定的预期。并以这种预期的具体内容来将信任分类："最一般性的一种预期是对自然的及道德的社会秩序能坚持并予以履行的信心。第二种预期是相信对那些与自己有人际关系及社会制度角色往来的人能够有称职的表现的信心。第三种则是预期那些与自己往来的人能彻底承担他所被托付的责任及义务，也就是在必要时能为他人的利益而牺牲自己的利益。"在巴伯尔的这一对人际信任的概念化中，把人际信任再细分为对人的一般性信任，胜任人际关系及社会制度角色的技能信任，及对被托付的责任及义务彻底承担的信任，这是

一个相当有见地的分析。一般性信任在本研究中相当于“品德”这一成分，胜任人际关系及社会制度角色的技能包含“能力”这一成分，对被托付的责任及义务的彻底承担的信任，相当于中国人的“忠”概念（杨中芳、彭泗清，1999），为更好地理解信任，需要结合文化进一步探讨其内涵。

二、研究不足

本研究虽然取得了预想的研究结果，但是也不可避免地存在一定的局限性。

1. 样本选择的局限

本研究严格遵循随机抽样的原则获取样本，即根据企业名录，随机抽取了 15 家企业，进而在选定的企业内部随机抽取员工进行问卷的发放。为了提高问卷的回收率并确保数据的有效性，本人或是亲自到各家企业，采用现场发放、现场回收的方式，或是委托国税局的领导帮忙做问卷发放与回收工作，历时两个月左右。由于受时间、财力和社会关系的限制，在全国范围内进行随机抽样调研绝非是一篇博士后研究报告所能完成的工作，由于我国是一个幅员辽阔的国家，各省、地区和城市的亚文化、工业化程度、经济发展水平相关较大，因此本研究取样存在一定的局限性。

2. 数据采集的局限

数据采集的局限性主要体现在以下 3 方面：首先，本研究数据收集方式较为单一，仅通过问卷调研获取数据，缺乏其他来源的数据对其可靠性进行交互验证；其次，本研究主要采取自我报告（Self-report）的方式获取数据，这样会产生同源方差（Common Method Variance），尽管这种方差不足以导致研究结论变得无效（Doty 和 Glick，1998；转引自贾良定、陈水霞和宋继文等，2006），而且本研究所要测量的人际信任问题较为敏感，虽然在问卷设计过程中采用了各种办法以降低社会称许性，但仍无法杜绝社会称许性对调查结果的影响，可能会导致被调研者对相关测量条款的打分偏高；最后，本研究所采用的是横截面数据，难以直接验证变量间的因果关系（Politis，2003）。

3. 研究方法

本研究采用实证研究的方法，考察了人际信任、制度信任与个体工作绩效的关系，在研究方法上有了一定的突破，但这只是量的研究，没有从质的方面进行探索。本研究因时间关系，没能采用案例研究的方法。在以后的研究中，要利用案例研究与实证研究相结合的方法，在质和量上更进一步地探讨人际信任、制度信任对个体工作绩效的影响。

附　录

问卷初始量表

说明：请您根据自身情况如实填写问卷，问题的答案无所谓对或错、好与坏，您自己的经验就是最好的答案	完全不符合	基本不符合	不能确定	基本符合	完全符合
一、制度信任					
1. 我相信我的企业能恪守道德规范					
2. 我相信自己的企业会以一致的、可预测的方式对待自己					
3. 通常，我相信自己的企业的动机和意图是好的					
4. 我感觉没有受到企业的公平对待					
5. 我认为自己的企业并不总是诚实和值得信任的					
6. 我不能保证完全信任我的组织					
7. 我认为自己的企业有完备的制度，可以保障和支持我的工作					
8. 我相信自己的企业会关心我的经济收入					
9. 我相信自己的企业有能力实现组织目标					
10. 我认为我的企业是开放的					
二、人际信任					
11. 我认为大多数的同事具有可靠的工作道德					
12. 我相信大多数同事会尽力做到公平对待每个人					
13. 我相信大多数的同事会对工作认真负责					
14. 我认为大部分的同事在工作中有过言行不一致					
15. 我认可大多数同事的工作价值观					
16. 我相信大多数同事具备完成工作所需的知识					
17. 我认为大多数同事所承担的工作是成功的					

续表

说明：请您根据自身情况如实填写问卷，问题的答案无所谓对或错、好与坏，您自己的经验就是最好的答案	完全不符合	基本不符合	不能确定	基本符合	完全符合
18. 我对大多数同事的工作技能有信心					
19. 我认为大多数同事能够胜任他们各自的工作					
20. 我相信大部分的同事能够完成他们的工作					
21. 我相信大多数同事有提高本部门绩效的能力					
22. 我可以借一大笔钱给同事，且不立字据					
23. 我可以把自己的隐私告诉同事					
24. 我能把重要的事情托付给我的大多数同事					
25. 我能请我的大多数同事帮我保管财物					
26. 我能与大多数同事长期合作做某件事情					
27. 我能将对上司的不满告诉同事					
28. 我能将对我与同事都认识的熟人的不满告诉同事					
29. 我可以把房门锁钥匙给我的同事					
三、工作绩效					
30. 我会主动承担富有挑战性的工作					
31. 我会主动解决工作中存在的问题					
32. 我会坚持克服困难以便完成任务					
33. 我会加班工作以便准时完成任务					
34. 我会严格遵守单位规章制度					
35. 我会按质量标准完成工作					
36. 我会在规定的时间内完成工作任务					
37. 我会按上级要求完成工作任务					
38. 我的工作达到预期标准					
39. 我与同事之间的关系融洽					
40. 我会主动给其他同事提供帮助					
41. 我会在工作上与其他同事合作					
42. 我会公平地对待同事					
43. 我对同事关心体贴					
44. 我能在工作中率先尝试新观念或新方法					
45. 我经常会寻找新方法或新思路来解决工作当中的问题					
46. 我能就自己熟悉的领域提出突破性的观点					
47. 我是创造性的楷模					

注：调整后的量表（制度信任维度删除 Q3、Q6 两个条款，品德信任删除 Q4 条款，关系信任删除 Q6、Q7，删除创新绩效维度所有的条款）。

参考文献

［1］白云涛，王亚刚，席酉民. 多层级领导对员工信任、工作绩效及创新行为的影响模式研究［J］. 管理工程学报，2008（3）.

［2］蔡翔，李燎. 原组织内部信任的内涵、特点与功能［J］. 改革与战略，2006（11）.

［3］陈介玄. 关系与法令：台湾企业运作的一个传统面向［J］. 思与言，1990，28（4）：47-64.

［4］陈介玄，高承恕. 台湾企业运作的社会秩序：人情关系与法律［J］. 东海学报，1991（32）：219-232.

［5］辞源修订组. 辞源修订本［M］. 北京：商务印书馆，1990.

［6］陈俊杰，陈震. 差序格局再思考［J］. 社会科学战线，1998（1）：197.

［7］樊江春. 中国微观组织中的"家族主义"［N］. 新华文摘，1992（5）.

［8］费孝通. 乡土中国［M］. 北京：三联书店，1985.

［9］韩翼，廖建桥. 绩效分离性对任务绩效和关系绩效影响研究［J］. 工业工程，2006（4）.

［10］何怀宏. 契约伦理与社会正义［M］. 北京：中国人民大学出版社，1993.

［11］孙健敏，焦长泉. 对管理者工作绩效结构的探索性研究［J］. 人类工效学，2002，8（3）：2-10.

[12] 霍曼斯. 社会行为：它的基本形式 [M]. 纽约：纽约哈考特世界出版公司，1961.

[13] 蔡升桂，范秀成. 信任研究理论基础比较 [J]. 山东社会科学，2005（9）：56–58.

[14] Hom，徐淑英. 中国管理者为什么留职？从社会交换和工作嵌入视角解释雇佣关系 [J]. Journal of Applied Psychology，2009（94）：277–297.

[15] 胡祖光. 优先股的“六权”及其应用 [J]. 集团经济研究，1994（1）.

[16] 黄芳铭. 结构方程模式：理论与应用 [M]. 北京：中国税务出版社，2005.

[17] 胡军. 跨文化管理 [M]. 广州：暨南大学出版社，1995.

[18] 黄光国. 两种道德：台湾社会中的道德思维研究的再诠释 [J]. 本土心理研究，1998（9）：121–175.

[19] 黄光国. 人情与面子：中国人的权力游戏 [M]. 黄光国中国人的权力游戏. 台北：巨流图书公司，1988.

[20] 卢曼. 熟悉、信赖、信任：问题与替代选择 [J]. 国外社会学，2000（3）.

[21] 吉雷，梅楚尼奇. 组织学习、绩效与变革：战略人力资源开发导论 [M]. 康青译. 北京：中国人民大学出版社，2005.

[22] 李超平，孟慧，时勘. 变革型领导对组织公民行为的影响 [J]. 心理科学，2006，29（1），175–177.

[23] 李亦园，杨国枢. 中国人的性格 [M]. 台北：桂冠图书股份有限公司，1988.

[24] 李慕华. 组织忠诚的内涵意义、影响因素与行为结果之讨论：以台湾中小企业为例 [D]. 私立辅仁大学应用心理研究所，硕士论文，1992.

［25］李慎之. 中国文化传统与现代化［J］. 战略与管理，2000（4）.

［26］李宁，严进，金鸣轩. 组织内信任对任务绩效的影响效应［J］. 心理学报，2006（5）.

［27］李庆善，知解人心：从谚语看中国人社会认知的特点［J］. 本土心理学研，1996（5）：314–334.

［28］梁克. 社会关系多样化实现的创造性空间——对信任问题的社会学思考［J］. 社会学研究，2002（3）.

［29］梁漱溟. 中国文化要义［M］. 北京：三联书店，1963.

［30］罗竹风. 汉语大词典［M］. 香港：三联书店香港分店，1987.

［31］梁建，王重鸣. 中国背景下的人际关系及其对组织绩效的影响［J］. 心理学动态，2001，9（2）：173–178.

［32］梁漱溟. 中国文化要义［M］. 上海：上海学林出版社，1987.

［33］林南. 中国研究如何为社会学理论作贡献［M］. 北京：社会科学文献出版社，2004.

［34］林文宝. 技术知识特性、知识能量与组织学习对核心竞争力及创新绩效关联性之研究［D］. 台湾国立成功大学，2001.

［35］林滨，李萍. 比较视域中的中西信任观［J］. 中山大学学报，2005（3）：101–107.

［36］凌月文. 中国私企难逃家族阴影［N］. 中国保险报，1996–05–10.

［37］刘萃伙，马洛·克罗恩. 社会赞许性量表对中国被试适用性之初步验证［J］. 社会学研究，2001（2）：49–57.

［38］刘怀伟. 商务市场中顾客关系的持续机制研究［D］. 浙江大学，2003.

［39］刘军，王询. 特殊主义文化环境中组织内部关系的几个问题［J］. 中国工业经济，2002（7）.

［40］刘军. 一般化互惠：测量、动力及方法论意涵［J］. 社会学研

究，2007（1）：99–113.

［41］刘嘉庆，区永，吕晓薇，蒋毅. 华人人际关系的概念化——针对中国香港地区大学生的实证研究［J］. 心理学报，2005，37（1）：122–135.

［42］刘颖. 企业员工组织信任的内容结构及相关问题的研究［D］. 暨南大学博士论文，2007.

［43］刘玉凡，王二平. 大五人格与职务绩效的关系［J］. 心理学动态，2000，8（3）：73–80.

［44］卢纹岱. SPSS for Windows 统计分析［M］. 北京：电子工业出版社，2002.

［45］罗家德. 中国管理优势源于关系［J］. 商界评论，2010（9）：97.

［46］罗家德，叶勇助. 信任在外包管理中扮演的角色［J］. 学习与探索，2006（2）：44–51.

［47］罗珉. 管理学范式理论的发展［M］. 成都：西南财经人学出版社，2005.

［48］马可一. 组织信任的最新研究进展和未来研究展望［J］. 心理科学，2004，27（3）：750–752.

［49］马庆国. 管理统计［M］. 北京：科学出版社，2002.

［50］马涛. 传统的创新：东方管理学引论［M］. 石家庄：河北人民出版社，2001

［51］［美］罗德里克·M.，克雷默，汤姆·R.泰勒. 组织中的信任［M］. 管兵译. 北京：中国城市出版社，2003.

［52］［美］米德·乔治. 心灵、自我与社会［M］. 上海：上海译文出版社，1992.

［53］［英］迈克·彭. 中国人的心理［M］. 邹海燕译. 北京：新华出版社，1999.

［54］明恩溥. 中国人的特征［M］. 北京：光明日报出版社，1998.

[55] 潘承烈，虞祖尧. 振兴我国管理科学——我国管理科学引论［M］. 北京：清华大学出版社，1997.

[56] 彭特·赛德马兰卡. 智慧型组织：绩效、能力和知识管理的整合［M］. 北京：经济管理出版社，2004.

[57] 彭泗清. 示范与回应：中国人人际互动的本土模式［Z］. 第二届全国社会心理学研讨会，1994.

[58] 彭泗清，杨中芳. 中国人人际信任的初步探讨［Z］. 第三届中国人的心理与行为科际研讨会，1995.

[59] 杨中芳，彭泗清. 中国人人际信任的概念化［J］. 社会学研究，1999（2）：1–21.

[60] 彭泗清. 关系与信任：中国人人际信任的一项本土研究［M］// 中国社会学年鉴（1995~1998）. 北京：社会科学文献出版社，2000：290–297.

[61] 齐美尔. 货币哲学［M］. 北京：华夏出版社，2002.

[62] 祁顺生，贺宏卿. 组织内信任的影响因素［J］. 心理科学进展，2006，149（6）：918–923.

[63] 钱穆. 中国史学名著［M］. 台湾：台北三民书局，1973.

[64] 杨国枢，文崇一. 社会及行为科学研究的中国化［M］. 台北：中央民族学研究所，1982.

[65] 秦海霞. 关系网络的建构：私营企业土的行动逻辑——以辽宁省 D 市为个案［D］. 上海大学博士论文，2005.

[66] 丘海雄，于永慧. 嵌入性与根植性——产业集群研究中两个概念的辨析［J］. 广东社会科学，2007（1）：175–181.

[67] S.B. 雷丁. 海外华人企业家的管理思想［M］. 张遵敬，范煦，吴振寰译. 杨锡山校阅. 上海：上海三联书店，1993.

[68] 苏国勋. 理性化及其限制［M］. 上海：上海人民出版，1988.

[69] 沈毅，黄光国. 人情与面子模型及相关挑战——从差序格局

看关系的分类及其要素［C］//中国社会心理学评论（第二辑）. 北京：社会科学文献出版社，2006.

［70］史江涛. 员工关系、沟通对其知识共享与知识整合作用的机制研究［D］. 浙江大学博士论文，2007.

［71］王晓玉. 组织间人际信任［M］. 上海：上海财经大学出版社，2006.

［72］王雪飞，山岸俊男. 信任中的中、日、美比较研究［J］. 社会学研究，1999（2）.

［73］汪丁丁. 经济发展与制度创新［M］. 上海：上海人民出版社，1995.

［74］徐碧祥. 员工信任对其知识整合与共享意愿的作用机制研究［D］. 浙江大学博士论文，2007.

［75］韦伯. 儒教与道教［M］. 洪天赋译. 南昌：江西人民出版社，1997.

［76］席酉民，韩巍，葛京等. 和谐管理理论研究［M］. 西安：西安交通大学出版社，2006.

［77］徐志强，席酉民，肖宏文. 组织对团队信任及相关影响因素的分析［J］. 管理评论，2006，18（1）：37-44.

［78］夏征农. 语词辞海［M］. 上海：上海辞书出版社，1991.

［79］薛天山. 人际信任与制度信任［J］. 青年研究，2002（6）.

［80］杨国枢. 家族化历程、泛家族主义及组织管理　海峡两岸组织与管理［M］. 台北：远流出版公司，1998.

［81］杨善华，侯红蕊. 血缘、姻缘、亲情与利益——现阶段中国农村社会中“差序格局”的“理性化”趋势［J］. 宁夏社会科学，1999（6）：51.

［82］杨中芳. 试论中国人的“自己”：理论与研究方向［M］//杨中芳. 高尚仁中国人，中国心·人格与社会篇.台北：远流出版公司，

1991.

［83］ 杨中芳. 试论如何研究中国人的性格 ［M］ //杨国枢，余安邦. 中国人的心理及行为. 台北：桂冠图书股份有限公司，1993.

［84］ 杨中芳. 关系与人情的概念化 ［C］. 第四届全国社会心理学会，1998 .

［85］ 杨中芳. 现代化、全球化是与本土化对立的吗？——试论现代化研究之本土化［J］. 社会学研究，1999.

［86］ 杨宜音. “自己人” 及其边界：关于 “差序格局” 的社会心理学研究 ［D］. 中国社会科学院社会学研究所博士论文，1998.

［87］ 余时英. 中国思想传统的现代诠释 ［M］. 台北：经联出版公司，1987.

［88］ 翟学伟. 中国人的关系原理时空秩序、生活欲念及其流变［M］. 北京：北京大学出版社，2011.

［89］ 赵国祥. 领导自信心述评［J］. 心理学探新，2005（5）.

［90］ 赵西萍，杨扬，辛欣. 团队能力、组织信任与团队绩效的关系研究［J］. 科学学与科学技术管理，2008（3）.

［91］ 张建新，彭迈克. 指向具体人物对象的人际信任：跨文化比较及认知模型［J］. 心理学报，1993，25（2）：164-172.

［92］ 郑伯埙. 家族主义与领导行为 ［M］. 杨中芳，高尚仁. 中国人·中国心. 台北：桂冠图书股份有限公司，1991：365-408.

［93］ 郑伯埙. 差序格局与华人组织行为［J］. 本土心理学研究，1995（3）：142-219.

［94］ 郑伯埙. 企业组织中的上下属的信任关系 ［J］. 社会学研究，1999（2）.

［95］ 郑伯埙，刘怡君. 义利之辨与企业间的交易历程：台湾组织间网络的个案研究［J］. 本土心理学研究，1996（4）：2-41.

［96］ 张建新，Michael H.Bond. 指向具体人物对象的人际信任：跨

文化比较及其认知模型 [J]. 心理学报，1993，25（2）：164 -172.

[97] 徐杨顺. 知识分享意愿、组织公平与公平信任关系之研究 [D]. 朝阳科技大学企业管·研究所硕士论文，2001.

[98] Alston J. P.，Wa，Guanxi，Inhwa：Managerial Principlesin Japan，China and Korea [J]. Business Horizons，1989，32（2）：26-31.

[99] Andrew Neal，Mark A. Griffin. Developing a Model of Individual Performance for Human Resource Management[J]. Asia Pacific Journal of Human Resources ，1999，37（2）：44-59.

[100] Aryee S.，Budhwar P. S.，Chen Z. X. Trust as a mediator of the relationship between organizational justice and work outcomes：test of a social exchange model. Journal of Organizational Behavior，2002，23：267-285.

[101] Ashford S. J.，Lee，C.L.，Bobko，P. Content，Cause and Cansequences of Job Insecurity：A Theory-based Measure and Substantive Test's [J]. Academy of Management Journal，1989，32：803-829.

[102] Atuahene -GimaK，Li H. When does Trust Matter? Antecedents and Contingent Effects of Supervisee Trust on Performance in Selling Newproducts in China and the United States [J]. Journal of Marketing，2002，66：61-81.

[103] Augier M.，Shariq S. Z.，Vendelo M. T. Understanding context：Its emergence，Transformation and Role in Tacit Knowledge Sharing [J]. Journal of Knowledge Management，2001，5（2）：125-136.

[104] Awazu Y. Informal Network Players，Knowledge Integraion，and Competitive Advantage [J]. Journal of Knowledge Management，2004，8（3）：62-70.

[105] Aryee S.，Budhwar P. S.，Chen Z. X. Trust as a Mdiator of the Relationship between Organizational Justice and Work Outcomes：Test

of a Social Exchange Model[J]. Journal of Organizationa 1 Behavior, 2002 (23), 267–280.

[106] Bacharach S. B., Bamberger P. A., Sonnenstuhl W. J. Driven to Drink: Managerial Control, Work–related Risk Factors, and Employee Problem Drinking [J]. Academy of Management Journal, 2002, 45(4): 637–658.

[107] Bagozzi R. P., Yi Y. On the Evaluation of Structural Equation Models [J]. Journal of the Academy of Marketing Science, 1988, 16(1): 74–94.

[108] Bandura A. Self–efficacy Mechanism in Human Agency [J]. American Psychologist, 1982, 37: 112.

[109] Bandura A. Self–efficacy: The Exercise of Control [M]. New York : W.H.Freeman & Co Ltd, 1997.

[110] Barber B. The Logic and Limits of Trust [M]. New Brunswick, NJ: Rutgers University Press, 1983.

[111] Barge J. K., Schlueter D. W. A Critical Evaluation of Organizational Commitment and Identification [J]. Management Communication Quarterly, 1998, 2 (1): 116–133.

[112] Barney T. B. Firm Resources and Sustained Competitive Advantage [J]. Journal of Management, 1991, 17 (1): 99–120.

[113] Baron R. M., Kenny D. A. The Moderator–mediator Variable Distinction in Social Psychological Research: Conceptual, Strategic, and Statistical Considerations[J]. Journal of Personality and Social Psychology, 1986, 51 (6): 1173–1182.

[114] Bartol K. M., Srivastava A. Encouraging Knowledge Sharing: The Role of Organizational Reward Systems [J]. Journal of Leadership and Organization Studies, 2002, 9 (1): 64–76.

[115] Benkhoff B. Disentangling Organizational Commitment [J]. Personnel Review, 1997, 26 (1/2): 114–131.

[116] Bentler P M. On the Fit Models to Covariance and Methodology to the Bulletin [J]. Psychology Bulletin, 1992, 112: 400–404.

[117] Bentler P. M., Bonett D. G. Significance Tests and Goodness-of-fit in the Analysis of Covariance Structures [J]. Psychological Bulletin, 1980, 88: 588–606.

[118] Butler J. K., Toward Understanding and Measuring Conditions of Trust: Evolution of a Conditions of Trust Invertory [J]. Journal of Management, 1991, 17 (5): 643–663.

[119] Dirks K. T., Ferrin D. L.Trust in Leadership: Meta-analytic Findings and Implications for Research and Practice [J]. Journal of Applied Psychology, 2002, 87: 611–628.

[120] Kramer R. M. Trust and Distrust in Organizations: Emerging Perspectives, Enduring Questions [J]. Annual Review of Psychology, 1999, 50: 569–598.

[121] Tan H. H., Tan C. S. F.. Toward the Differentiation of Trust in Supervisor and Trust in organization [J]. Genetic, Social and General Psychology Monographs, 2000, 126: 241–260.

[122] Bentler P. M., Chou C. P. Practical Issues in Structural Modeling [J]. Sociological Methods and Research, 1987, 16: 78–117.

[123] Bergami M., Bagozzi R. P. Self-categorization, Affective Commitment and Group Self-esteem as Distinct Aspects of Social Identity in the Organization [J]. British Journal of Social Psychology, 2000, 39 (4): 555–577.

[124] Bernardin H. J., Beatty R. W. Performance Appraisal: Assessing Human Behavior at Work [J]. Boston: Kent Publishing Co, 1984.

[125] Blau P. M. Exchange and Power in Social Life [M]. New York: John Wiley, 1964.

[126] Bluhm L. H. Trust, Terrorism and Technology [J]. Journal of Business Ethics, 1987, 6: 333-342.

[127] Bollen K. A. A. New Incremental Fit Index for General Structural Equation Models. Sociological Methods and Research, 1989, 17: 303-316.

[128] Bollen K. A. Structural Equations with Latent Variables [M]. New York: Wiley, 1989.

[129] Bonacich P., Schneider S. "Communication networks and Collective action" in Social Dilemmas: Theoretical Issues and Research Findings [M]. Liebrand W. B. G., Messick D. M. and Wilke H. A. M. (Eds.), New York: Pergammon, 1992.

[130] Boomsma A. The Robustness of Listel Against Small Sample Sizes in Factor Analysis Models. In Wold, H. & Joreskog, K. (Eds.), Systems under indirect observation [M]. New York: Elservier North-Holland, 1982, 149-173.

[131] Boon S. D., Holmes J. G. The Dynamics of Interpersonal Trust: Resolving Uncertainty in the Face of Risk, Cooperation and Prosocial Behavior [M]. Cambridge University Press, 1991.

[132] Boss R. W. Trust and Managerial Problem Solving Revisited [J]. Group & Organization Studies, 1978, 3 (3): 331-342.

[133] Boyle R., Bonacich P. The Development of Trust and Mistrust in Mixed-motives Games [J]. Sociometry, 1970, 33: 123-39.

[134] Bram Cadsby, Maroš Servátka, Fei Song. How Competitive are Female Professionals? A Tale of Identity Conflict [R]. Working Papers in Economics 11/31, University of Canterbury, Department of Economics

and Finance, 2011.

[135] Brokner J. Low Self-esteem and Behavioral Plasticity: Some Implications of Personality and Social Psychology [J]. In L.Wheeler (ED.), Review of Personality and Social Psychology, 1984, 4: 237-271.

[136] Carnevale D.G., Wechsler B. Trust in the Publicsector: Individual and Organizational Determinants [J]. Administration & Society, 1996, 23 (4).

[137] Campbell J. P., Gasser M. B., Oswald F. L. The Substantive Nature of Job Performance Variability [J]. In K.R.Murphy (Ed.), Individual Differences and Behavior in Organizations, 1996: 258-299.

[138] Chen C. C., Chen X. P., Meindi J. R. How can Cooperation be Fostered? The Cultural Effects of Individualism Collectivism [J]. Academy of Management Review, 1998, 23: 285-304.

[139] Campbell, J.P. Some Possible Implications of "Modeling" for the Conceptualization of Measurement [J]. In F. Landy, S. Zedeck, J. Cleveland (Eds.), Performance Measurement and Theory. Hillsdale, NJ: Lawrence Erlbaum Associates, Inc. 1983.

[140] Cheng H., Holt G.R., More Than Relationship: Chinese Interaction and the Principal of Kuanhsi [J]. Communication Quarterly, 1991, 39: 251-271.

[141] Clark M.S., Mills J. Interpersonal Attraction in Exchange and Communal Relationships [J]. Journal of Personality and Social Psychology, 1979, 37: 12-24.

[142] Clark M.C., Payne R.L. The Nature and Structure of Workers' Trust in Management[J]. Journal of Organisational Behavior, 1997 (18): 205-24.

[143] Costigan R. D., Itler S. S. and Berman J. J. A Multi-dimen-

sion of Trust in Organization [J]. Journal of Managerial Issues, 1998, 6 (3): 303-317.

[144] Child J., Mollering G.Contextual Confidence and Active Trust Development in the Chinese Business Environment [J]. Organization Science, 2003, 14 (1): 69-71.

[145] McAllister. D. J. Affect and Cognition-based Trust as Foundations for Interpersonal Cooperation in Organizations [J]. Academy of Management Journal, 1995, 38 (1): 24-59.

[146] Deutsch M. Trust and Suspicion [J]. The Journal of Conflict Resolution, 1958 (2): 265-279.

[147] Deutsch M. The Resolution of Conflict: Constructive and Distructive Processes [J]. New Haven and London: Yale University Press, 1973.

[148] Dirks K. T., Ferrin D. L. The Role of Trust in Organizational Settings [J]. Organization Science, 2001, 12: 450-467.

[149] Doney P. M., Cannon J. P., Mullen M. R. Undestanding the Influence of National Culture on the Developmant of trust [J]. Academy of Management Review, 1998, 23: 601-620.

[150] Duck S., et al. Meaningful Relationships: Metaphor, Meaning, and Intimacy [M]. Newbury Park: Sage, 1994.

[151] Durkheim E. The Elementary Forms of Religious Life [M]. London: George Allen & Unwin Ltd., 1915/1957.

[152] Earle T.C., Cvetkovich G. T., Social Trust: Towards a Cosmopolitan Society [M]. CT: Praeger Publishers, 1995.

[153] Eisenstadt S. N., Roniger L. Patrons, Clients and Friends: Interpersonal Relations and the Structure of Trust in Society [M]. Cambridge: Cambridge University, Press, 1984.

[154] Farh J. L., Tsui A. S. The Influence of Relational Demography and Guanxi: The Chinese Case [J]. Organization Science, 1998, 9(4): 471-487.

[155] Farh J. L., Earley P. C., Lin S. C. Impetus for Action: A Cultural Analysis of Justice and Organizational Citizenship Behavior in Chinese Society [J]. Administrative Science Quarterly, 1997 (42): 421-444.

[156] Fukuyama F. Trust: The Social Virtues and the Creation of Prosperity [M]. New York: The Free Press, 1995.

[157] Fukuyama F. Social Capital, Civil Society and Development [J]. Third World Quarterly, 2001, 22: 7-20.

[158] Gambetta D. Ed., Trust: Making and Breaking Cooperative Relations [M]. MA: Basil Blackwell, 1998.

[159] Ganesan, Shankar. Determinants of Power-Dependence in the Distribution Channel [J]. Journal of Retailing, 1975, 51 (Summer): 59-94.

[160] Graham Dietz, Deanne N. Den Hartog. Measuring Trust Inside Organisations [J]. Personnel Review, 2006, 35 (5): 557-588.

[161] Giddens A. The Constitution of Society: Outline of the Theory Construction [M]. Berkeley: University of California Press, 1984.

[162] Good D. Individuals, Interpersonal Relations, and Trust, In D. Gambetta Ed., Trust: Making and Breaking Cooperative Relations [J]. MA: Basil Blackwell, 1988, 31-48.

[163] Granovetter M. S. Getting a Job: A Study of Contacts and Careers [M]. Cambridge, MA: Harvard University Press, 1974.

[164] Gibb J R. A New View of Personal and Organizational Development [M]. LosAngeles: Guild of Tudors Press, 1978.

[165] Granovetter M. Economic Action and Social Structure: The

Problem of Embeddedness [J]. American Journal of Sociology, 1985, 91 (3): 481–510.

[166] Granovetter M. The strength of Weak Ties [J]. American Journal of Sociology, 1973, 78 (6): 1360–1380.

[167] Gurtman M. B., Trust, Distrust and Interpersonal Problems: A Circumplex Analysis [J]. Journal of Perssonal Social Psychology, 1992 (62): 989–1002.

[168] Hesketh B., Neal A. Technology and Performance. In D.R. Ilgen & E.D. Pulakos, et al. The Changing Nature of Performance: Impictions for Staffing, Motivation, and Development [M]. San Francisco: Jossey–Bass, 1999: 21–55.

[169] Holmes J. G., Remple J. K. Trustin Close Relationships, In C. Hendrick, et al. Close Relationships [M]. Newbury Park: Sage, 1989: 187–220.

[170] Hofstede G. Culture and Organizations: Software of the Mind [M]. CA: McGraw Hill, 1997.

[171] Hagedoorn J. Understanding the Cross–level Embeddedness of Interfirm Partnership Formation [J]. Academy of Management Review, 2006, 31 (3): 670–680.

[172] Hovland C. I., Janis I. L., Kelly H. H. Communication and Persuasion [M]. New Haven, CT: Yale University Press, 1953.

[173] Hsu F. L. K., Americans and Chinese: Two Ways of Life [M]. NewYork: Abelard Schuman, 1953.

[174] Hsu F. L. K. Gultural Patternand Human Grouping [J]. In F. L.K. Hsu, Clan, Caste, and Club Chicago: Aldine, 1963, 232–262.

[175] Hwang K. K. Tow Moralities: Reinterpreting the Finding of Empirical Research on Moral Reasoning in Taiwan [J]. Asian Journal of

Social Psychology, 1998 (1): 211–238.

[176] Janssen O., Van Yperen N. W. Employee's Goal Orientations, the Quality of Leader–member Exchange, and the Outcomes of Job Performance and Job Satisfaction [J]. Academy of Management Journal, 2004, 27(3): 68–384.

[177] Jarvenpaa S. L., Knoll K., Leidner D. E. Is Anybody out Here? Antecedents of Trust in Global Viryual Teams [J]. Journal of Management Information System, 1998, 14 (4): 29–64.

[178] Jacobs J. B. The Concept of Guanxi and Local Politics in a Rural Chinese Cultural Setting [C]. In S. L. Greenblatt, R. W. Wilson, A.A.Wilson, et al. Social interaction in Chinese Society, New York: Praeger, 1979: 209–236.

[179] Johnson, George C. E., Swap W. C., Measurement of Specific Interpersonal Trust: Constructionand Validation of a Scale to Assess Trust in a Specific Other [J]. Journal of Personality and Social Psychology, 1982, 43: 1306–1317.

[180] Kipnis A.B. Producing Guanxi: Sentiment, Self and Subculture in a North China Village [M]. Durham: Duke University Press, 1997.

[181] Katzell R. A., Austin J. T. From then to Now: The Development of Industrial Organizational Psychology in the United States[J]. Journal of Applied Psychology, 1992, 77 (4): 803–835.

[182] Kaiser H. F. The Application of Electronic Computer to Factor Analysis [J]. Educational Psychology Measurement, 1960 (20).

[183] Katz D. The Motivational Basis of Organizational Behavior [J]. Behavioral Science, 1964, 9 (3): 131–146.

[184] Katz D., Kahn R. L. The Social Psychology of Organization

[M]. New York: Wiley, 1978, 131–134.

[185] Organ D. W. Areappraisal and Interpretation of the Satisfaction Causes Performance Hypothesis [J]. Academy of Management Review, 1977, 2 (2): 46–53.

[186] Kipnis D. Trust and Technology [J]. Thousand Oaks, CA: Sage, 1995: 39–50.

[187] Kramer R. M., Tyler T., et al. Trust in Organizations [M]. Newbury Park, CA: Sage, 1999.

[188] Lee D. Y., Dawes P. L. Guanxi, Trust, and Long-term Orientation in Chinese Business Markets [J]. Journal of International Marketing, 2005, 13 (2): 28–56.

[189] L. Wilson R.W., Wilson A.A. Eds. Social Interaction in Chinese Society [M]. New York: Praeger, 1982, 209–236.

[190] Lane C., Bachmann, R. Eds. Trust within and between Organizations: Conceptual Issues and Empirical Applications [M]. New York: Oxford University Press, 1998.

[191] Lee C., Bobko P., Ashford S. J., Chen Z. X., Ren X. P., Cross-cultural Development of an Abridged Job Insecurity Measure, Journal of Organizational Behavior, 2006, 28, 1–18.

[192] Lewis J. D., Weigert A. Trustasa Social Reality [J]. Social Forces, 1985, 63 (4): 967–985.

[193] Lieberman J. K., The Litigious Society [J]. Basic Books, 1981.

[194] Limlingan, V.S., The Overseas Chinese in Asian: Business Strategies and Management Practices, Pasig [M]. Metro Manila: Vita Development Corporation, 1986.

[195] Lindskold S. Trust Development, the GRIT Proposal and the

Effects on Conciliatory Acts on Conflict and Cooperation [J]. Psychology Bull, 1978, 85: 772-793.

[196] Luhmann N. Trust and Power [M]. Chichester: John Wiley & Sons Ltd, 1979.

[197] Luhmann N. Familiarity, Confidence, Trust: Problems and Alternatives, In D. Gambetta Ed., Trust : Making and Breaking Cooperative Relations [C]. MA: Basil Blackwell, 1988: 94-107.

[198] Mayer R. C., Davis J. H., Schoorman F. D. An Integrative Model of Organizational Trust [J]. Academy of Management Review, 1995: 709-734.

[199] MaCallister D. J., Affects and Cognitions based Trustas Foundations for Interpersonal Cooperation in Organizations [J]. Academy of Management Journal, 1995, 38 (1): 24-59.

[200] McCauley D.P., Kuhnert K.W. A Theoretical Review and Empirical Investigation of Employee Trust in Management [J]. Public Administration Quarterly, 1994, 16 (3): 265-283.

[201] Miller J. G., Bersoff D.M., Cultural and Moral Judgment: How Are Conflicts between Justice and Interpersonal Responsibilities Resolved [J]. Journal of Personality and Social Psychology, 1992, 6(2): 541-554.

[202] Miller J. G., Cultural Diversity in The Morality of Caring: Individually Oriented Versus Duty based Interpersonal Codes [J]. Cross Cultural Research, 1994, 28: 3-39.

[203] Mills J., Clark M.S., Exchange and Communal Relationships, In L. Wheeler Ed., Review of Personality and Social Psychology [J]. Beverly Hills, CA: Sage, 1982 (3).

[204] Misztal B.A. Trust in Modern Societies: The Search for the

Bases of Social Order [M]. Cambridge: Polity Press, 1996.

[205] Motowidlo S. J., Borman W. C., Schmit M. A Theory of Individual Difference in Task and Contextual Performance [J]. Human Performance, 1997 (10).

[206] Parsons T. Politics and Social Structure [M]. New York: The Free Press, 1969.

[207] Payne R. L., Clark M. C. Dispositional and Situational Determinants of Trust in Two types of Managers [J]. International Journal of Human Resource Management, 2003, 14: 128–381.

[208] Peng S.Q. Guanxi and Trust: An Indigenous Study of Chinese Interpersonal Trust [D]. Department of Psychology, University of Hong Kong, 1998.

[209] Podsakoff P. M., Mackenzie S. B., Bommer W. H. Transformational Leader Behaviors and Substitutes for Leadership as Determinants of Employee Satisfaction, Commitment, Trust, and Organizational citizenship Behaviors [J]. Journal of Management, 1996, 22 (2).

[210] Powell W.W. Neither Market nor Hierarchy: Network Forms of Organization, In B. M. Staw and L. L. Cummings (ed.), Research in Organizational Behavior.Greenwich, 1990 (12).

[211] Pye L. W. The Dynamics of Chinese Politics [M]. Cambridge: Oelgeschlager, Gunn & Hain Publishers, Inc., 1981.

[212] Roger C. Mayer, James H. Davis, F. David Schoorman. an Integrative Model of Organizational Trust [J]. The Academy of Management Review, 1995, 20 (3): 709–734.

[213] Ronald M. Sabatelli1, Albert Dreyer, Ross Buck. Cognitive Style and Relationship Quality in Married Dyads [J]. Journal of Personality, 1983, 51 (2): 192–201.

[214] Redding G., The Spirit of Chinese Capitalism [M]. Berlin: Walterde Grayter, 1990.

[215] Reichmann N. Breaking Confidences: Organizational Influenceson Insider Trading [J]. Sociological Quarterly, 1989, 30: 185-204.

[216] Remple J. K., Holmes J. G. How Do I Trust There? [J]. Psychology Today, 1986, 20 (2): 28-34.

[217] Remple J. K., Holmes J. G., Zanna M. D. Trust in Close Relationships [J]. Journal of Personality and Social Psychology, 1985, 49: 95-112.

[218] Riesman D. Some Types of Character and Society, In D.Riesman, The lonely Crowd. New Haven: Yale University, Press, 1952: 1-50.

[219] Robinson S.L. Trust and Breach of the Psychological Contract [J]. Administrative Science Quarterly, 1996, 41: 574-599.

[220] Rosenberg M. Misanthropy and Political Ideology [J]. Americal Sociological Review, 1957, 21: 690-695.

[221] Rotter J.B. A New Scale for the Measurement of Interpersonal Trust [J]. Journal of Personality, 1967, 35: 651-665.

[222] Rotter J.B. Generalized Expectancies for Interpersonal Trust [J]. American Psychologist, 1971, 26: 443-452.

[223] Rotter J.B. Interpersonal Trust, Trustworthiness and Gullibility [J]. American Psychologist, 1980, 35: 1-7.

[224] Rotundo M., Sackett P.R. The Relative Importance of Task, Citizenship, Sna Counterproductive Performance to Global Rating of Job Performance: A polict-capturing approach [J]. Journal of Applied Psychology, 2002, 87 (1): 66-80.

[225] Rokeach M. Beliefs, Attitudes, and Value: A Theory of Organization and Change [M]. San Francisco: Josey-Bass, 1968, 160.

[226] Rousseau D.M., Fried Y. Location, Location: Contextualizing Organizational. Research [J]. Journal of Organizational Behavior, 2001, 22 (1): 1–13.

[227] Sackett P R. An Examination of the Dimensionality of Non–task Performance [A]. Ann Arbor, Mi, United States: ProQuest Information and Learning Company [C]. 2002: 1–4.

[228] Stable C.F. Studied Trust: Building New Forms of Cooperation in a Volatile Economy [J]. Human Relations, 1993: 1133–1170.

[229] Savage D. Trust as a Productivity Management Tool[J]. Training and Development Journal, 1982 (3): 54–57.

[230] Samuel Aryee, Pawan S. Budhwar and Zhen Xiong Chen. Trust as a Mediator of the Relationship between Organizational Justice and Work Outcomes: Test of a Social Exchange Model [J]. Journal of Organizational Behavior, 2002, 23 (3): 267–285.

[231] Scott, Bruce R.A. Determinants of Innovative Behavior: A Path Model of Individual Innovation in the Workplace [J]. Academy of Management Journal, 1994, 37 (3): 580–607.

[232] Shapiro S.P. The Social Control in Impersonal Trust [J]. American Journal of Sociology, 1987, 93: 623 –658.

[233] Simmel G., The Sociolgoy of Georg Simmel K.H. Wolff, Trans [M]. New York: The Free Press, 1964.

[234] Tsui A. S. Contextualization in Chinese Management Research [J]. Management and Organization Review, 2006 (2): 1–13.

[235] Tan H. H., Tan C. S. F. Toward the Differentiation of Trust in Supervisor and Trust in Organization [J]. Genetic, Social, and General Psychology Monographs, 2000, 126 (2): 241–260.

[236] Thoits P. A. Patterns in Coping with Controllable and un con–

trollable events. In: E. M. Cumming, et al. Life-span Developmental Psychology [C]. London: Erlbaum Associates, 1991, 235-260.

[237] Tusi A. S., Pearce J. L., Tripoli A. M. Alternative Approaches to the Employee Organization Relationship: Does Investment In Employees Pay off? [J]. Academy of Management Journal, 1997, 40 (5): 1089-1121.

[238] Wang H., Law K.S., Hackett R.D., et al. Leader-member Exchange as a Mediator of the Relationship between Transformational Leadership and Followers' Performance and Organizational Citizenship Behavior [J]. Academy of Management Journal, 2005, 48 (3): 420-432.

[239] Wayne S. J., Shore L. M., Liden R.C. Perceived Organizational Support and Leader-member Exchange: A Social Exchange Perspective [J]. Academy of Management Journal, 1997, 40 (1): 82-111.

[240] Weber M. The Religion of China: Confucianism and Taoism [M]. New York: The Free Press, 1915/1951.

[241] Welbourne M., Johnson D. E. The Role-based Performance Scale: Validity Analysis of a Theory-based Measure [J]. Academy of Management Journal, 1998, 41 (5): 540-555.

[242] Weigert A. J. Sociology of Everyday Life [M]. Longman, 1981.

[243] Whitley R. D. The Social Construction of Business Systems in East Asia [J]. Organization Studies, 1991, 12 (1): 1-28.

[244] Whitener E.M., Brodt S. E., Korsgaard M. A., Werner J.M. Managers as Initiators of Trust: An Exchange Relationship Framework for Undestanding Managerial Trustworthy Behavior [J]. Academy of Management Review, 1998, 23: 513-530.

[245] Wrightsman L.S. Assumptions About Human Aature: Implica-

tions for Researchers and Practitioners [M]. Newbury Park, CA: Sage Publications, 1992.

[246] Williamson O. E. Markets and Hierarchies: Analysis and Antitrust Implications [M]. New York: Free Press, 1975.

[247] Wong S.L., Chinese Entrepreneurs and Business Trust, In G. Hamilton Ed., Business Networks and Economic Development in East and Southeast Asia [M]. Hong Kong: Centre of Asian Studies, the University of Hong Kong, 1991.

[248] Wrighsman L. S. "Interpers onal Trust and Attitudes Toward Human Nature." In J. P. Robins on, P. R. Shaver & L. S. Wrightsman (eds.), Measures of Per Sonality and Social Psychological Attitudes [M]. San Diego: Academic Press, 1991.

[249] Wrightsman L.S. Assumptions About Human Aature: Implications for Researchers and Practitioners [M]. Newbury Park, CA: Sage Publications, 1992.

[250] Yamagishi T., Yamagishi M. Trust and Commitment in the United States and Japan [J]. Motivation and Emotion, 1994, 18 (2): 129–166.

[251] Yan Y. The Culture of Guanxi in a North China Village [J]. The China Journal, 1996, 35: 1–25.

[252] Yang C. F. Psychocultural Foundations of Informal Groups: The Issues of Loyalty, Sincerity, and Trust [A]. The 47th Annual Meeting of the Association of Asian Studies [C]. Washington, D.C, 1995.

[253] Yoshihara K. The Rise of Ersatz Capitalism in South East Asia [M]. Oxford: Oxford University Press, 1988.

[254] Zand D.E. Trust and Managerial Problem Solving [J]. Administrative Science Quarterly, 1972, 17 (2).

[255] Yui-tim, Wong, Hang-yue Ngo, Chi-sum Wong, Antecedents and Outcomes of Employees' Trust iin Chinese Joint Ventures [J]. Asia Pacific Journal of Management, 2003, 20: 481-49.

[256] Zaheer A., McEvily B., Perrone V. Exploring the Sofinter Organizational and Interpersonal Trust on Performance [J]. Organization Science, 1998 (9).

[257] Zukin S., Dimaggio P. Structures of Capital: The Social Organization of Economy [M]. Cambridge, MA: Cambridge University Press, 1990.

[258] Hagedoorn J. Understanding the Cross-level Embeddedness of Interfirm Partnership Formation [J]. Academy of Management Review, 2006, 31 (3): 670-680.

[259] Zand D.E. The Leadership Triad: Knowledge, Trust, and Power [M]. New York: Oxford University Press, 1997.

[260] Zucker L.G. Production of Trust: Institutional Sources of Economic Structure, 1840-1920, In B. BM. Staw & L. L. Cumniings Eds., Research in Organizational Behavior [J]. Greenwich, CT: JAI Press, 1986, 8: 53-111.

[261] Zukin S., Dimaggio P. Structures of Capital: The Social Organization of Economy [M]. Cambridge, MA: Cambridge University Press, 1990.

后　记

进博士后工作站转眼就3年了，这3年过得很快，怀疑是不是到了一定年龄，人对事情的感觉与年轻时会发生明显改变，年轻时感觉日子过得慢。回想在南昌与上海往返的日子，觉得累并快乐着。这首先得感谢我的博士后合作导师苏勇教授。从知道苏老师大名到识庐山真面目，很感谢苏老师在为人育人方面的独特之处，苏老师为人敦厚、大气，平常不是特别喜言语，给人宁静的感觉，即使说话亦是三言两语，语气轻柔，但意见清晰，有见地。本书就是在这种和风细雨中完成的，从选题到结构设计，处处都有老师的辛苦。

其次我要感谢江西财经大学副校长吴照云教授，吴校长待人亲和，有章法，胸中有大气。与其交往，其乐融融。与吴校长交流，氛围好，收获甚多。

感谢芮明杰教授，蹭了芮老师一个学期的课，感触很多。芮老师上课看似漫不经心，其实对学生和对自己要求都很高。学习要给人增值，芮老师思想深刻，见解独到。看着他在眯着眼上课，其实心里清楚得很。记得博士后开题时芮老师痛心疾首。

感谢我的博士生导师李良智教授，他对我在博士后期间所受教育一直很关心，经常询问学习情况，要我认真对待，顺利出站。感谢江西财经大学工商管理学院院长胡宇辰教授，在工作站3年时间，是您给了我宽松的学习空间，让我能更好地考虑自己的事。

感谢我的研究生刘晨韵、冷勇、李章森对我工作的支持。

所有这些教诲让我觉得在博士后工作站3年，收获良多，一是知识的增量，在站3年我主持了教育部和国家自然科学基金课题各1项，省级课题4项；二是心情舒畅，感谢苏勇、吴照云等老师的教育，感谢我的师弟张静和同门的鼓舞。

我愧疚地感谢我年迈的双亲，我没有好好地陪你们，更没有给你们带来生活上更好的改变，相反倒是你们天天在挂念我的学业，就如我小时读书时。

我愧疚地感谢我的儿子李泰愚，我没有好好陪他，他的童年少了我坚强而温暖的双手，希望泰愚的心灵由此更坚强，而有自己的强度和温度。

感谢所有帮助关心我的人。

李　敏

2014年10月